Balakrishnan Subramanian
Anandh K. S.

Um roteiro para implementar a aprendizagem automática no sector da construção

Balakrishnan Subramanian
Anandh K. S.

Um roteiro para implementar a aprendizagem automática no sector da construção

Aprendizagem automática, Projeto de construção

ScienciaScripts

Imprint

Cover image: www.ingimage.com

This book is a translation from the original published under ISBN 978-620-7-48787-5.

Publisher:
Sciencia Scripts
is a trademark of
Dodo Books Indian Ocean Ltd. and OmniScriptum S.R.L publishing group

120 High Road, East Finchley, London, N2 9ED, United Kingdom
Str. Armeneasca 28/1, office 1, Chisinau MD-2012, Republic of Moldova, Europe
Printed at: see last page
ISBN: 978-620-7-74551-7

ÍNDICE DE CONTEÚDOS

INTRODUÇÃO À APRENDIZAGEM AUTOMÁTICA EM PROJECTOS DE CONSTRUÇÃO 2

NOÇÕES BÁSICAS DE APRENDIZAGEM AUTOMÁTICA 9

APLICAÇÕES DA APRENDIZAGEM AUTOMÁTICA EM PROJECTOS DE CONSTRUÇÃO 22

RECOLHA E PREPARAÇÃO DE DADOS 35

MODELOS DE APRENDIZAGEM AUTOMÁTICA PARA PROJECTOS DE CONSTRUÇÃO 44

IMPLEMENTAÇÃO DA APRENDIZAGEM AUTOMÁTICA EM PROJECTOS DE CONSTRUÇÃO 52

ESTUDOS DE CASOS E EXEMPLOS 64

TENDÊNCIAS E DESAFIOS FUTUROS NA APRENDIZAGEM AUTOMÁTICA PARA PROJECTOS DE CONSTRUÇÃO 77

CONCLUSÃO 88

APÊNDICE 93

REFERÊNCIAS 95

Capítulo -1

INTRODUÇÃO À APRENDIZAGEM AUTOMÁTICA EM PROJECTOS DE CONSTRUÇÃO

VISÃO GERAL

A aprendizagem automática tem vindo a tornar-se cada vez mais uma tecnologia essencial nos projectos de construção. A sua utilização estende-se a várias áreas, incluindo a gestão da cadeia de abastecimento, a manutenção e as reparações, a programação, a estimativa de custos e a identificação de riscos. Nas aplicações de construção, os algoritmos de aprendizagem automática aprendem com conjuntos de dados gerados pelo sector da construção.

A utilização crescente da aprendizagem automática em projectos de construção deve-se à sua capacidade de analisar grandes conjuntos de dados e identificar rapidamente padrões, reconhecendo oportunidades de melhoria num projeto de construção. A tecnologia provou o seu valor na manutenção preditiva, onde pode ajudar a prever a falha do equipamento e evitar reparações dispendiosas. Devido às suas capacidades de previsão, a aprendizagem automática também pode ser utilizada para a gestão de activos.

Os algoritmos de aprendizagem automática podem processar dados e fornecer previsões que poupam tempo e dinheiro no sector da construção. Na estimativa de custos, por exemplo, a aprendizagem automática pode prever os custos de diferentes projectos com base em dados históricos, reduzindo a dependência de estimativas manuais. A tecnologia também pode melhorar os prazos dos projectos, analisando os dados e identificando áreas críticas que podem causar atrasos.

A segurança é também uma preocupação importante nos projectos de construção e a aprendizagem automática pode ajudar a minimizar os riscos. Ao analisar os registos de dados de segurança e identificar padrões, pode prever acidentes, sugerir medidas correctivas e evitar a ocorrência de incidentes semelhantes no futuro.

Outro aspeto essencial do sector da construção é a gestão da cadeia de abastecimento, que pode ser difícil de gerir eficazmente. A aprendizagem automática pode automatizar o processo de aquisição e proporcionar visibilidade em tempo real da cadeia de abastecimento, dando às empresas a oportunidade de tomar decisões baseadas em dados, otimizar os níveis de inventário e reduzir as hipóteses de escassez de materiais.

Em conclusão, a aprendizagem automática está a revolucionar os projectos de construção ao reduzir os custos, melhorar os prazos, aumentar a segurança e otimizar a gestão da cadeia de fornecimento. A sua aplicação tem o potencial de transformar toda a indústria, e as empresas que adoptarem a aprendizagem automática hoje permanecerão competitivas e eficientes.

1.1 DEFINIÇÃO DE APRENDIZAGEM AUTOMÁTICA

Existem várias definições de aprendizagem automática, cada uma com as suas próprias nuances e complexidades. Aqui estão algumas das definições mais comuns, juntamente com uma explicação mais pormenorizada do seu significado:

1. A aprendizagem automática é um subconjunto da inteligência artificial que envolve o treino de algoritmos para fazer previsões ou tomar decisões com base em dados.

Esta definição realça o facto de a aprendizagem automática ser uma área especializada dentro do domínio mais vasto da IA. Sublinha também que a aprendizagem automática implica a utilização de dados para ensinar os algoritmos a comportarem-se de determinadas formas. Por exemplo, um algoritmo de aprendizagem automática pode ser treinado num conjunto de dados de mensagens de correio eletrónico para aprender a classificá-las como spam ou não spam.

2. A aprendizagem automática é um método de ensinar os computadores a aprender sem serem explicitamente programados.

Esta definição capta a essência do que distingue a aprendizagem automática de outras formas de desenvolvimento de software. Em vez de especificar todas as regras e comportamentos que o software deve apresentar, a aprendizagem automática implica deixar o algoritmo aprender esses comportamentos por si próprio, através de tentativa e erro.

3. A aprendizagem automática é uma técnica de modelação estatística que utiliza algoritmos para encontrar padrões nos dados.

Esta definição realça o facto de a aprendizagem automática estar intimamente relacionada com a estatística e de se basear em algoritmos matemáticos para analisar e fazer previsões sobre os dados. Esta definição também realça a importância de encontrar padrões nos dados, que é um aspeto fundamental de muitas aplicações de aprendizagem automática.

4. A aprendizagem automática é um processo que consiste em melhorar continuamente a capacidade de um sistema para efetuar previsões ou tomar decisões, aprendendo com novos dados.

Esta definição realça a natureza iterativa da aprendizagem automática e o facto de envolver frequentemente o treino de algoritmos em novos dados à medida que estes ficam disponíveis. Destaca também o facto de o objetivo final da aprendizagem automática ser melhorar a precisão e a fiabilidade das previsões e decisões ao longo do tempo.

1.2 IMPORTÂNCIA DA APRENDIZAGEM AUTOMÁTICA NA CONSTRUÇÃO

A evolução da tecnologia influenciou diretamente o sector da construção. A aprendizagem automática tornou-se uma ferramenta crucial que tem uma vasta gama de aplicações na construção. Os algoritmos de aprendizagem automática permitem aos profissionais da construção analisar grandes quantidades de dados, tomar decisões informadas e melhorar os resultados dos projectos.

Eis algumas das principais vantagens da aprendizagem automática no sector da construção:

1. Segurança reforçada: A segurança é uma prioridade máxima na construção, e a aprendizagem automática tornou possível identificar potenciais riscos de segurança num estaleiro de construção. Os algoritmos de aprendizagem automática podem analisar dados de sensores e identificar potenciais riscos antes de se tornarem perigos reais, reduzindo a probabilidade de acidentes e lesões no local de trabalho.

2. Melhoria da eficiência: Os algoritmos de aprendizagem automática podem analisar e prever os prazos de construção, identificar potenciais atrasos ou estrangulamentos e recomendar soluções para aumentar a eficiência. Ao utilizar a aprendizagem automática, as empresas de construção podem otimizar as suas operações, trabalhar de forma mais eficiente e poupar tempo e dinheiro no processo.

3. Estimativa de custos exacta: A aprendizagem automática pode analisar dados históricos de projectos de construção anteriores e utilizar esses dados para criar estimativas de custos mais precisas. Isto ajuda as

empresas de construção a tomar decisões informadas, a melhorar o planeamento do projeto e a minimizar os custos excessivos.

4. Melhor controlo da qualidade: A aprendizagem automática pode ajudar a melhorar o controlo da qualidade, monitorizando os locais de construção em tempo real, detectando defeitos ou desvios do plano de conceção e recomendando medidas correctivas. Isto ajuda as empresas de construção a manter padrões de alta qualidade e a evitar retrabalhos dispendiosos.

5. Melhoria da sustentabilidade: A aprendizagem automática pode analisar dados ambientais e sugerir práticas de construção sustentáveis, como a utilização de fontes de energia renováveis, a redução de resíduos e a utilização de materiais ecológicos. Isto ajuda as empresas de construção a reduzir o seu impacto ambiental e a melhorar a sua sustentabilidade.

Em conclusão, a aprendizagem automática tornou-se uma ferramenta essencial na indústria da construção, ajudando as empresas a melhorar a segurança, a eficiência, a precisão, o controlo de qualidade e a sustentabilidade. Ao tirar partido dos algoritmos de aprendizagem automática, os profissionais da construção podem tomar decisões informadas, reduzir os riscos e aumentar a rentabilidade.

1.3 RESUMO DO LIVRO

Aprendizagem automática para projectos de construção é um livro que fornece uma visão aprofundada das várias técnicas de aprendizagem automática que têm o potencial de melhorar os projectos de construção. Este livro destina-se principalmente a profissionais e estudantes do sector da construção que pretendam compreender como a aprendizagem automática pode ser implementada para aumentar a eficiência, a precisão e a rentabilidade dos projectos de construção.

O livro fornece uma visão abrangente dos conceitos básicos da aprendizagem automática, incluindo os vários tipos de algoritmos, técnicas de pré-processamento de dados e métodos de avaliação de modelos. Explica como estas técnicas podem ser aplicadas a projectos de construção para melhorar a análise de dados, melhorar a tomada de decisões e prever resultados.

O livro abrange várias aplicações da aprendizagem automática na construção, como a manutenção preditiva, a gestão de riscos e o controlo de qualidade. Explica as principais fontes de dados e funcionalidades utilizadas para criar modelos de aprendizagem automática, como sensores, dispositivos IoT e técnicas de processamento de imagem.

O livro também aborda os desafios e as limitações da implementação da aprendizagem automática em projectos de construção, tais como a extração e gestão de dados, a precisão das previsões e os potenciais enviesamentos nos modelos. Fornece orientações sobre como ultrapassar estes desafios e dicas práticas para garantir uma implementação bem sucedida da aprendizagem automática.

Além disso, o livro inclui estudos de casos e exemplos de implementação bem sucedida da aprendizagem automática em projectos de construção. Estes estudos de caso demonstram os benefícios que a aprendizagem automática pode proporcionar, incluindo a melhoria dos prazos dos projectos, a redução dos custos e o aumento da segurança.

Em termos gerais, Machine learning for construction projects é um guia essencial para profissionais e estudantes da área da construção que pretendam aprender sobre as aplicações e a implementação da aprendizagem automática na indústria da construção. É um recurso valioso para quem procura aumentar os seus conhecimentos e manter-se na vanguarda de um sector que está a evoluir rapidamente com a utilização de novas tecnologias.

Capítulo - 2

NOÇÕES BÁSICAS DE APRENDIZAGEM AUTOMÁTICA

VISÃO GERAL

A aprendizagem automática é um subconjunto da inteligência artificial que utiliza algoritmos para permitir que as máquinas aprendam automaticamente com os dados. Pode ser classificada em três tipos: aprendizagem supervisionada, aprendizagem não supervisionada e aprendizagem por reforço.

A aprendizagem supervisionada implica alimentar a máquina com dados rotulados, em que a entrada e a saída já são conhecidas, para treinar a máquina. A máquina utiliza então este conhecimento para fazer previsões ou tomar decisões sobre novos dados. Exemplos de aprendizagem supervisionada incluem a classificação de imagens, a filtragem de spam e a análise de sentimentos.

A aprendizagem não supervisionada não envolve dados rotulados; a máquina aprende a partir dos dados que lhe são fornecidos sem qualquer resultado predefinido. É utilizada para identificar padrões ou estruturas nos dados. Exemplos de aprendizagem não supervisionada incluem o agrupamento, a deteção de anomalias e a redução da dimensionalidade.

A aprendizagem por reforço implica que a máquina receba feedback sob a forma de recompensas ou castigos com base nas suas acções, permitindo-lhe aprender por tentativa e erro. É habitualmente utilizada em aplicações como o controlo robótico e os jogos.

Os algoritmos de aprendizagem automática podem ser classificados em dois tipos: métodos paramétricos e métodos não paramétricos. Nos métodos paramétricos, o algoritmo utiliza um conjunto fixo de parâmetros para aprender e prever novos dados. Exemplos de métodos paramétricos incluem a regressão linear e a regressão logística. Por outro lado, os métodos não paramétricos não dependem de um conjunto específico de parâmetros e, em vez disso, aprendem com a própria distribuição dos dados. Exemplos de métodos não paramétricos são as árvores de decisão e as redes neuronais.

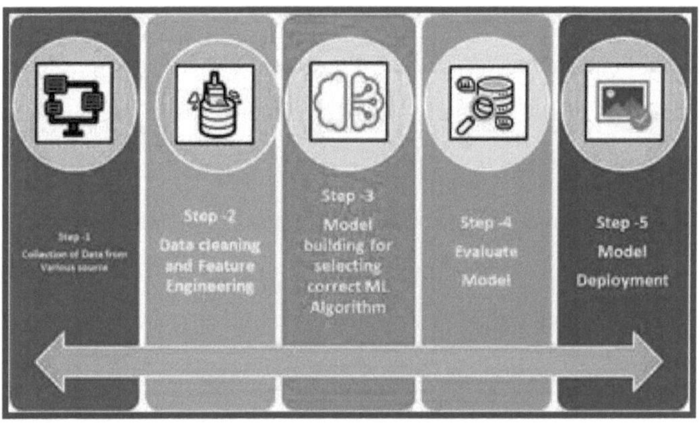

Figura 1: Processo de aprendizagem automática

Em resumo, a aprendizagem automática é uma ferramenta poderosa que tem uma vasta gama de aplicações em vários domínios. Envolve alimentar a máquina com dados, treinar a máquina utilizando os dados e fazer previsões ou tomar decisões com base na máquina treinada. Ao utilizar diferentes tipos de algoritmos, a aprendizagem automática pode resolver vários problemas, desde a classificação de imagens ao controlo robótico.

2.1 ALGORITMOS DE APRENDIZAGEM AUTOMÁTICA

Os algoritmos de aprendizagem automática são modelos baseados em computador concebidos para permitir que os computadores aprendam e se adaptem a novas informações e padrões, em vez de serem explicitamente programados por programadores humanos. Estes algoritmos analisam grandes quantidades de dados para identificar padrões e fazer previsões e constituem um importante avanço tecnológico em domínios como o reconhecimento de imagens, o reconhecimento da fala, o serviço de apoio ao cliente, a robótica e outros.

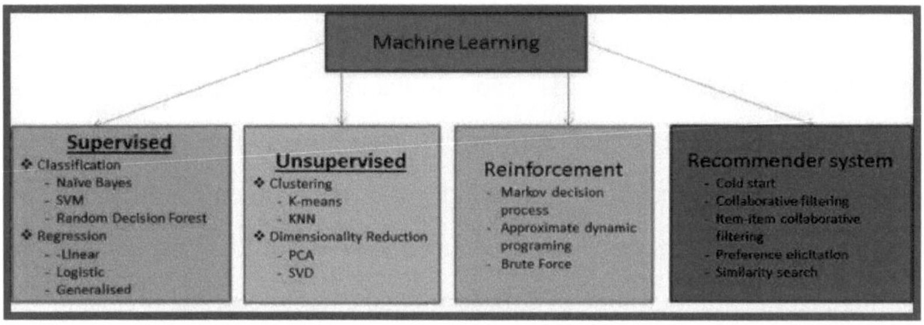

Figura 2: Algoritmos de aprendizagem automática

Existem vários tipos de algoritmos de aprendizagem automática, alguns dos quais são descritos de seguida:

1. Algoritmos de aprendizagem supervisionada - Neste algoritmo, o computador recebe um conjunto de dados de treino etiquetados, em que cada exemplo tem uma etiqueta que identifica o resultado que o modelo é suposto prever. Exemplos de aprendizagem supervisionada incluem o reconhecimento de imagens, o reconhecimento da fala, o processamento de linguagem natural e os chatbots de atendimento ao cliente.

2. Algoritmos de aprendizagem não supervisionada - Neste algoritmo, o computador processa um conjunto de dados de entrada sem quaisquer etiquetas ou valores de saída predefinidos. Os algoritmos de aprendizagem

não supervisionada são utilizados para agrupar dados de entrada semelhantes e para identificar padrões comuns em diferentes conjuntos de dados. Exemplos de aprendizagem não supervisionada incluem modelação de tópicos, deteção de anomalias e análise de agrupamentos.

3. Algoritmos de aprendizagem por reforço - Neste algoritmo, o computador interage com um ambiente para aprender as melhores acções para maximizar a sua recompensa ou minimizar as suas penalizações. Os algoritmos de aprendizagem por reforço são utilizados em jogos, na robótica e na condução autónoma.

4. Algoritmos de aprendizagem profunda - Neste algoritmo, os modelos de redes neuronais são utilizados para processar grandes quantidades de dados para reconhecer padrões e fazer previsões. Os algoritmos de aprendizagem profunda são normalmente utilizados no reconhecimento de imagens, no reconhecimento da fala, no processamento de linguagem natural e noutras aplicações que exigem elevada precisão.

Apesar do seu sucesso, ainda existem desafios associados aos algoritmos de aprendizagem automática, incluindo custos computacionais elevados, falta de interpretabilidade, escalabilidade limitada e potencial enviesamento dos dados e modelos. Os investigadores estão continuamente a desenvolver novos algoritmos e técnicas para responder a estes desafios e para alargar os limites do que é possível fazer com a aprendizagem automática.

2.2 PREPARAÇÃO DE DADOS E ENGENHARIA DE CARACTERÍSTICAS

A preparação de dados e a engenharia de características são passos importantes na aprendizagem automática que andam de mãos dadas com o desenvolvimento de um modelo. A forma como os dados são preparados e as características seleccionadas podem ter um enorme impacto na precisão e no desempenho de qualquer modelo de aprendizagem automática.

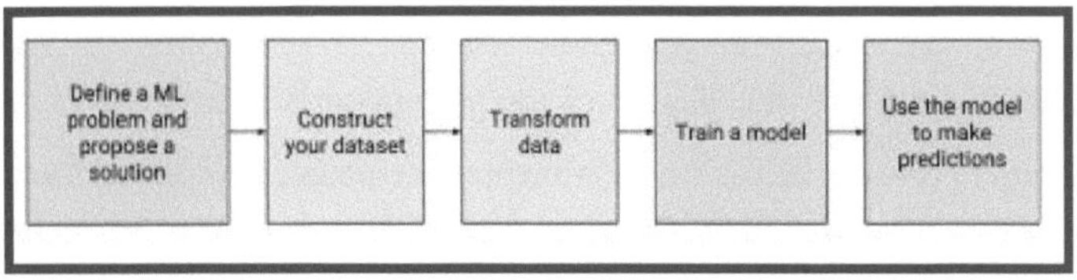

Figura 3: Preparação de dados e engenharia de características

A preparação de dados e a engenharia de características envolvem as seguintes etapas:

1. Limpeza de dados: Quando se trabalha com dados do mundo real, estes contêm frequentemente dados em falta, incorrectos ou inconsistentes. A limpeza de dados envolve processos que eliminam ou resolvem esses problemas para melhorar a qualidade dos dados.

2. Integração de dados: A integração de dados é o processo de combinar vários conjuntos de dados de diferentes fontes num único conjunto de dados coerente. Embora os dados devam ser limpos antes da integração, é durante a etapa de integração que as inconsistências nos dados ou os valores em falta se tornam evidentes.

3. Transformação de dados: A transformação de dados altera o formato original dos dados para um formato adequado aos modelos de aprendizagem automática. Por exemplo, se os dados estiverem em formato de texto, podem ser transformados num formato numérico para que sejam mais facilmente processados pelos algoritmos de aprendizagem automática.

4. Extração de características: A extração de características é o processo de identificar e extrair os dados críticos dos dados brutos que ajudam a obter resultados mais precisos e eficientes do modelo de aprendizagem automática. Pode incluir técnicas como a análise de

componentes principais (PCA), a decomposição do valor singular (SVD), o escalonamento de características, etc.

5. Seleção de características: É o processo de seleção do subconjunto de características relevantes, eliminando as características sem importância. A seleção de características é normalmente efectuada com base na pontuação de importância das características, na correlação entre características, etc.

6. Engenharia de características: A engenharia de características envolve a criação de novas características que melhoram o desempenho do modelo, fornecendo-lhe informações relevantes e uma melhor compreensão dos dados de entrada. Este processo envolve a seleção de variáveis ou colunas de dados que possam ser relevantes para o modelo e a criação de novas colunas de dados com base nessa informação.

7. Aumento dos dados: O aumento dos dados é o processo de aumentar a dimensão do conjunto de dados através da criação de novas amostras de dados que imitam as características dos dados existentes. As técnicas de aumento de dados incluem inversões de imagens, rotações, variações de cor, distorções, etc.

Em conclusão, a preparação de dados e a engenharia de características são passos essenciais no desenvolvimento de modelos de aprendizagem automática. Ajudam a otimizar os dados de entrada e a melhorar o desempenho do modelo, reduzindo o enviesamento e permitindo uma melhor generalização - o que resulta em melhores previsões e melhores soluções.

2.3 SELECÇÃO E AVALIAÇÃO DE MODELOS

A seleção e avaliação de modelos são processos críticos na aprendizagem automática que desempenham um papel vital no desenvolvimento de modelos de previsão precisos.

A seleção de modelos consiste em identificar o algoritmo e os parâmetros mais adequados a utilizar no desenvolvimento de um modelo de previsão. Existem várias técnicas de seleção de modelos, incluindo a validação cruzada, o critério de informação e a pesquisa em grelha. A validação cruzada é uma técnica amplamente utilizada em que um conjunto de dados é dividido aleatoriamente em subconjuntos e depois utilizado para validação e treino. A precisão do modelo é então avaliada utilizando o conjunto de validação e o modelo com a maior precisão é selecionado como o melhor. O critério de informação consiste em selecionar o modelo com a menor perda de informação, enquanto a pesquisa em grelha consiste em testar sistematicamente várias combinações de algoritmos e parâmetros.

Depois de selecionar o melhor modelo, o passo seguinte consiste em avaliar o seu desempenho e generalização. São utilizadas várias métricas para avaliar o desempenho do modelo, incluindo a precisão, a recuperação, a pontuação F1 e a área sob a curva caraterística de funcionamento do recetor (AUC-ROC). A precisão é a proporção de verdadeiros positivos em relação ao número total de resultados positivos, enquanto a recuperação é a proporção de verdadeiros positivos em relação ao número total de casos positivos efectivos. A pontuação F1 é uma média harmónica da precisão e da recuperação, enquanto a AUC-ROC é uma medida do poder discriminativo do modelo.

De um modo geral, recomenda-se a utilização de múltiplas métricas para avaliar o desempenho do modelo de forma abrangente. Além disso, a relevância e a aplicabilidade dos modelos em situações do mundo real são avaliadas através de validação externa e de testes com novos conjuntos de dados não utilizados no desenvolvimento do modelo.

Em conclusão, a seleção e a avaliação de modelos são processos essenciais na aprendizagem automática para desenvolver modelos de previsão eficazes. O processo de seleção envolve a identificação dos algoritmos e parâmetros mais adequados, enquanto a avaliação do desempenho avalia o desempenho e a aplicabilidade do modelo. Estes processos garantem que os modelos de previsão são exactos, robustos e adaptáveis a situações do mundo real.

2.4 SOBREAJUSTE E SUBAJUSTE

O sobreajuste e o subajuste são dois problemas comuns que podem surgir nos modelos de aprendizagem automática. Ambos os problemas podem conduzir a um fraco desempenho do modelo. Por conseguinte, é essencial compreender estes dois problemas em pormenor para os evitar durante a construção de modelos de aprendizagem automática.

Sobreajuste:

O sobreajuste é um problema que ocorre quando um modelo é treinado demasiado bem com os dados de treino. Por outras palavras, o modelo aprendeu tanto os dados de treino que começa a memorizá-los em vez de compreender o padrão subjacente. Como resultado, o modelo tem um desempenho muito bom nos dados de treino, mas o seu desempenho nos dados de teste é fraco. O modelo não consegue generalizar bem para os dados de teste porque se ajustou demasiado aos dados de treino. Neste caso, o modelo é demasiado complexo e tem demasiados parâmetros, tendo aprendido o ruído dos dados de treino.

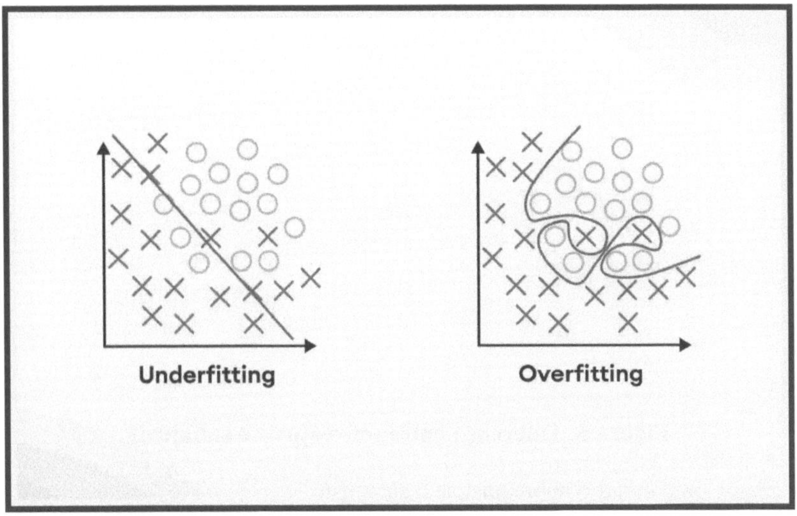

Figura 4: Sobreajuste e subajuste

Subadaptação:

O subajustamento é exatamente o oposto do sobreajustamento. Ocorre quando um modelo não é capaz de captar o padrão subjacente nos dados. Por outras palavras, o modelo é demasiado simples e não tem a complexidade necessária para aprender os padrões nos dados. Como resultado, o modelo pode ter um desempenho fraco tanto nos dados de treino como nos dados de teste. Isto ocorre normalmente quando o modelo não é suficientemente treinado ou a complexidade do modelo não é suficiente para captar os padrões nos dados.

A figura 5 abaixo ilustra a diferença entre sobreajuste e subajuste:

Figura 5: Diferença entre sobreajuste e subajuste

Como evitar o sobreajuste e o subajuste?

Eis algumas técnicas que podem evitar o sobreajuste e o subajuste:

1. Regularização:

A regularização é uma técnica que ajuda a evitar o sobreajuste, adicionando um termo de penalização à função de perda. O termo de penalização ajuda a restringir os parâmetros do modelo e a evitar que estes assumam valores demasiado grandes.

2. Validação cruzada:

A validação cruzada é uma técnica que ajuda a evitar o sobreajuste e o subajuste, dividindo os dados em conjuntos de treino e validação. O modelo é treinado no conjunto de treino e o seu desempenho é testado no conjunto de validação. Isto ajuda a avaliar a generalização do modelo.

3. Paragem antecipada:

A paragem precoce é uma técnica que evita o sobreajuste através da monitorização do desempenho do modelo no conjunto de validação. A formação é interrompida quando o desempenho no conjunto de validação começa a degradar-se.

4. Aumentar o tamanho dos dados:

Aumentar a dimensão dos dados pode ajudar a evitar tanto o sobreajuste como o subajuste. Mais dados podem ajudar o modelo a aprender o padrão subjacente nos dados e a generalizar melhor.

5. Montagem:

O ensembling é uma técnica que combina vários modelos para melhorar o desempenho. Isto pode ajudar a reduzir o sobreajuste e o subajuste e melhorar o desempenho global do modelo.

O sobreajuste e o subajuste são problemas comuns na aprendizagem automática. Ambos os problemas podem levar a um fraco desempenho do modelo. Por conseguinte, é essencial compreender estes problemas e evitá-los utilizando várias técnicas, como a regularização, a validação cruzada, a paragem precoce, o aumento da dimensão dos dados e o ensembling.

2.5 AFINAÇÃO DE HIPERPARÂMETROS

A afinação de hiperparâmetros é o processo de seleção do melhor conjunto possível de hiperparâmetros para um algoritmo de aprendizagem automática. Na aprendizagem automática, os hiperparâmetros são os parâmetros que determinam o desempenho de um modelo e, por conseguinte, têm de ser optimizados para obter o melhor resultado possível.

Os hiperparâmetros são valores que não são aprendidos durante o treino, ao contrário dos parâmetros de um modelo que são aprendidos através do treino. Em vez disso, os hiperparâmetros são definidos manualmente antes de treinar o modelo. Controlam a forma como um modelo funciona, como aprende padrões a partir dos dados e como generaliza para novos dados não vistos.

Exemplos de hiperparâmetros incluem a taxa de aprendizagem, a força de regularização, o número de camadas ocultas numa rede neural, a função de ativação utilizada numa rede neural e o tamanho do lote.

O processo de afinação de hiperparâmetros envolve a seleção dos melhores valores para estes hiperparâmetros, de modo a otimizar o desempenho de um algoritmo de aprendizagem automática. A afinação de hiperparâmetros pode ser um processo moroso e que consome muitos recursos, mas é fundamental para obter um desempenho ótimo num modelo de aprendizagem automática.

Existem vários métodos para a afinação de hiperparâmetros:

1. Pesquisa em grelha: A pesquisa em grelha envolve a criação de uma grelha de todos os valores possíveis para cada hiperparâmetro e a avaliação do desempenho do modelo em cada combinação de valores. Trata-se de um método simples mas moroso, uma vez que requer a avaliação de todas as combinações possíveis de hiperparâmetros.

2. Pesquisa aleatória: A pesquisa aleatória envolve a seleção de valores aleatórios para cada hiperparâmetro e a avaliação do desempenho do modelo em cada combinação de hiperparâmetros. Este método pode ser mais eficiente do que a pesquisa em grelha, especialmente quando o número de hiperparâmetros é elevado.

3. Otimização Bayesiana: A otimização bayesiana é um método mais avançado que utiliza modelos probabilísticos para atualizar o espaço de pesquisa e identificar os hiperparâmetros mais promissores a avaliar em seguida. Este método é computacionalmente dispendioso, mas pode ser mais eficiente do que a pesquisa aleatória ou a pesquisa em grelha.

4. Algoritmos genéticos: Os algoritmos genéticos envolvem a geração de uma população de soluções potenciais (combinações de hiperparâmetros)

e, em seguida, a evolução dessas soluções através de mutação e reprodução para produzir novas soluções potenciais. Esta abordagem pode ser mais eficiente do que a pesquisa em grelha ou a pesquisa aleatória, especialmente quando o espaço de pesquisa é grande e complexo.

Em resumo, a afinação de hiperparâmetros é crucial para obter um desempenho ótimo nos modelos de aprendizagem automática. A pesquisa em grelha, a pesquisa aleatória, a otimização bayesiana e os algoritmos genéticos são alguns dos métodos utilizados para afinar os hiperparâmetros, e a seleção do melhor método depende do problema específico e do espaço de pesquisa.

Capítulo - 3

APLICAÇÕES DA APRENDIZAGEM AUTOMÁTICA EM PROJECTOS DE CONSTRUÇÃO

VISÃO GERAL

A aprendizagem automática tem uma vasta gama de aplicações no sector da construção, desde a melhoria da segurança nos estaleiros de construção até à previsão dos resultados dos projectos.

Eis uma panorâmica pormenorizada das várias aplicações da aprendizagem automática em projectos de construção:

1. Segurança:

A segurança é uma das principais preocupações nos projectos de construção. Os algoritmos de aprendizagem automática podem ajudar a prever potenciais riscos de segurança através da análise de incidentes passados para identificar padrões e factores que contribuem para os mesmos. A tecnologia pode ajudar a desenvolver algoritmos de redução de riscos em tempo real para proteger os trabalhadores nos estaleiros de construção.

2. Manutenção preventiva:

Os algoritmos de aprendizagem automática podem ajudar a prever os requisitos de manutenção das máquinas utilizadas em projectos de construção, como escavadoras e bulldozers. Ao determinar quando é necessária manutenção, é possível evitar tempos de inatividade e falhas inesperadas, aumentando a eficiência e minimizando os custos.

3. Controlo de qualidade:

Os algoritmos de aprendizagem automática podem ser utilizados para identificar materiais de construção com falhas ou defeitos e ajudar a evitar problemas de qualidade no projeto.

4. Planeamento e programação:

Os algoritmos de aprendizagem automática podem ajudar no planeamento e calendarização das tarefas do projeto. Utilizando dados históricos, a aprendizagem automática pode prever o tempo necessário para as actividades de construção, ajudando a desenvolver calendários de projeto mais precisos.

5. Estimativa e gestão dos custos:

Os algoritmos de aprendizagem automática podem ser utilizados para analisar projectos de construção anteriores e prever o custo de construção de várias estruturas em diferentes circunstâncias. Os custos e as derrapagens orçamentais podem ser minimizados com uma previsão orçamental eficaz.

6. Eficiência energética:

Os algoritmos de aprendizagem automática podem otimizar o consumo de energia nos edifícios, analisando os dados de aquecimento e arrefecimento, ajustando os sistemas de AVAC e de iluminação e melhorando a utilização global de energia e a sustentabilidade.

7. Previsão dos resultados do projeto:

Os algoritmos de aprendizagem automática podem ser utilizados para prever o êxito ou o fracasso de projectos de construção com base em dados históricos. A informação pode ajudar a antecipar e a mitigar potenciais riscos, conduzindo a resultados mais rentáveis e bem sucedidos.

Em conclusão, a aprendizagem automática tem várias aplicações na indústria da construção, incluindo segurança, manutenção preditiva, controlo de qualidade, planeamento e programação, previsão de custos, eficiência energética e previsão de resultados. A utilização da tecnologia de aprendizagem automática em projectos de construção pode reduzir os riscos do projeto, melhorar a utilização dos recursos e aumentar a eficiência global do projeto.

3.1 MANUTENÇÃO PREDITIVA

A manutenção preditiva que utiliza tecnologia de aprendizagem automática revolucionou a forma como os activos e o equipamento são mantidos em várias indústrias, incluindo projectos de construção. A manutenção preditiva é uma estratégia de manutenção planeada que utiliza algoritmos de aprendizagem automática para prever quando é necessária a manutenção de um determinado ativo. Esta abordagem oferece grandes benefícios e tornou-se crucial em muitas indústrias devido à sua capacidade de ajudar a evitar falhas dispendiosas do equipamento, minimizar o tempo de inatividade e melhorar a segurança.

Na indústria da construção, a manutenção preditiva com recurso à tecnologia de aprendizagem automática pode ser aplicada a vários equipamentos e activos, como equipamentos hidráulicos, gruas, bulldozers e betoneiras. As vantagens da manutenção preditiva incluem:

1. Redução do tempo de inatividade: Uma das vantagens significativas da manutenção preditiva é a redução do tempo de inatividade, uma vez que a manutenção é planeada e programada antes de ocorrer uma falha do equipamento.

2. Melhoria da segurança: A manutenção preditiva pode ajudar a evitar a falha do equipamento, que é frequentemente a causa de acidentes no estaleiro de construção.

3. Poupança de custos: Ao realizar o trabalho de manutenção de forma proactiva, as empresas podem reduzir os custos associados a reparações de emergência, tempo de inatividade da máquina e substituição.

Como é que a manutenção preditiva com recurso à aprendizagem automática funciona nos projectos de construção?

A manutenção preditiva em projectos de construção envolve a instalação de sensores no equipamento que recolhem dados sobre o desempenho da máquina. Os dados são depois introduzidos em algoritmos de aprendizagem automática que os analisam e prevêem quando será necessária a manutenção. Os modelos de manutenção preditiva requerem grandes conjuntos de dados para serem treinados. Os algoritmos de aprendizagem automática utilizam estes dados para identificar padrões e tendências e projetar áreas prováveis de falha.

Quando o algoritmo tiver previsto um problema potencial, é accionada uma notificação e a manutenção pode ser programada. Esta abordagem garante que o trabalho de manutenção é prioritário com base na probabilidade de falha do equipamento e que os recursos de manutenção são colocados no sítio certo à hora certa.

O futuro da manutenção preditiva na construção

A indústria da construção está apenas a começar a adotar a manutenção preditiva utilizando a aprendizagem automática. O sector tem uma enorme oportunidade de tirar partido da tecnologia para melhorar a eficiência operacional, reduzir o tempo de inatividade e aumentar a segurança nos locais de trabalho. A tecnologia de manutenção preditiva pode ajudar a evitar falhas no equipamento, que são fontes comuns de acidentes em estaleiros de construção.

Além disso, a tecnologia de manutenção preditiva pode ser utilizada para otimizar os calendários de manutenção, reduzir a manutenção desnecessária e prever o tempo de vida útil do equipamento. Este nível de visibilidade pode ajudar as empresas de construção a reduzir os custos operacionais e a aumentar a rentabilidade.

Conclusão

A adoção da tecnologia de manutenção preditiva em projectos de construção vai continuar a crescer. À medida que as empresas utilizam a tecnologia de aprendizagem automática, podem obter benefícios substanciais em termos de poupança de custos, segurança e tempo de atividade do equipamento. A tecnologia de manutenção preditiva pode ajudar a trazer visibilidade e controlo à gestão de activos, permitindo às empresas evitar tempos de inatividade dispendiosos e melhorar a disponibilidade dos activos.

3.2 CONTROLO DA QUALIDADE E DETECÇÃO DE DEFEITOS

A aprendizagem automática está a tornar-se uma parte crucial dos projectos de construção e ajuda a automatizar vários processos, a aumentar a eficiência e a melhorar a precisão. No entanto, é importante garantir que a qualidade do resultado final é aceitável e que os defeitos são detectados precocemente.

O controlo de qualidade refere-se ao processo de garantir que o produto final cumpre um conjunto específico de requisitos ou normas. Envolve várias técnicas e medidas que são postas em prática para garantir que o produto final é de boa qualidade. O controlo de qualidade deve começar logo no início do projeto e continuar até à sua conclusão.

Na aprendizagem automática, o controlo de qualidade envolve vários passos, incluindo a limpeza dos dados, a normalização dos dados, a validação dos dados e a validação do modelo. Estes passos garantem que os dados utilizados para treinar o modelo são limpos, consistentes e válidos. Além disso, a validação do modelo garante que o modelo é treinado com o conjunto correto de dados e que o resultado é exato.

A deteção de defeitos envolve o processo de identificação de problemas ou defeitos no resultado final. Envolve várias técnicas e medidas que são postas em prática para detetar defeitos que possam ter ocorrido durante o processo de construção. A deteção de defeitos deve começar logo no início do projeto e continuar até à sua conclusão.

Na aprendizagem automática, a deteção de defeitos envolve vários passos, incluindo a exploração de dados, a visualização de dados e o teste de modelos. Estes passos garantem que o modelo é testado utilizando diferentes conjuntos de dados e que o resultado é consistente em todos os conjuntos de dados. Além disso, a visualização de dados ajuda a identificar quaisquer anomalias ou valores atípicos que possam afetar a precisão do modelo.

Em conclusão, o controlo da qualidade e a deteção de defeitos são aspectos críticos da aprendizagem automática em projectos de construção. Envolvem várias técnicas e medidas que garantem que o resultado final é de boa qualidade e não tem defeitos. Ao implementar medidas de controlo de qualidade e de deteção de defeitos, as empresas de construção podem melhorar a sua eficiência, reduzir os custos e garantir a satisfação do cliente.

3.3 ESTIMATIVA DE CUSTOS E GESTÃO ORÇAMENTAL

A estimativa de custos e a gestão orçamental são componentes críticos dos projectos de aprendizagem automática na construção. A aprendizagem automática oferece capacidades superiores de análise de dados que podem ajudar as empresas de construção a otimizar a eficiência dos projectos, reduzir o desperdício e melhorar o desempenho geral. No entanto, a aprendizagem automática também requer um investimento significativo em termos de hardware, software e recursos humanos, o que torna a estimativa de custos e a gestão do orçamento considerações essenciais para as empresas de construção.

Estimativa de custos

A estimativa de custos envolve a estimativa do custo total de um projeto de aprendizagem automática, analisando o custo do hardware, software, mão de obra e outras despesas. É um passo crucial que ajuda as empresas de construção a planear o seu orçamento e a atribuir recursos a projectos de aprendizagem automática.

Seguem-se alguns factores críticos que devem ser considerados ao estimar o custo de um projeto de aprendizagem automática:

1. Custos de hardware e software: A aprendizagem automática requer hardware e software potentes para processar grandes conjuntos de dados. Como tal, as empresas de construção devem considerar o custo de aquisição ou aluguer destes recursos. Devem também considerar o custo de manutenção e atualização dos mesmos.

2. Custos de mão de obra: A construção de modelos de aprendizagem automática requer indivíduos com competências e conhecimentos especializados. Como tal, as empresas de construção devem considerar os

custos de mão de obra associados à contratação ou formação de especialistas em aprendizagem automática.

3. Custos de aquisição de dados: Os modelos de aprendizagem automática requerem dados para os treinar e otimizar. Como tal, as empresas de construção devem considerar o custo de aquisição destes dados, quer interna quer externamente.

4. Despesas diversas: Podem existir outras despesas diversas associadas aos projectos de aprendizagem automática, como honorários legais, custos de conformidade regulamentar e seguros.

Gestão orçamental

A gestão orçamental envolve a monitorização e o controlo das despesas do projeto para garantir que os custos reais não excedem o orçamento atribuído. Os projectos de aprendizagem automática exigem um acompanhamento rigoroso das despesas devido à sua complexidade e custos flutuantes.

Eis algumas considerações cruciais para gerir o orçamento de um projeto de aprendizagem automática:

1. Revisões regulares do orçamento: As revisões regulares do orçamento ajudam os gestores de projeto a controlar as despesas e a garantir que o projeto não excede o orçamento atribuído.

2. Planeamento de contingência: Os projectos de aprendizagem automática podem ser imprevisíveis e podem surgir despesas inesperadas. Como tal, o planeamento de contingência é essencial para garantir que existem fundos suficientes para cobrir despesas imprevistas.

3. Afetação de recursos: Os gestores de projectos devem otimizar a afetação de recursos para maximizar a eficiência e minimizar as despesas

desnecessárias. Isto pode implicar a reafectação de recursos quando necessário para garantir que o projeto se mantém dentro do orçamento.

4. Relatórios e comunicação: A comunicação entre os gestores de projeto e as outras partes interessadas é fundamental para garantir que todos conhecem as limitações orçamentais do projeto e podem tomar decisões informadas.

Em conclusão, a estimativa de custos e a gestão do orçamento são componentes essenciais dos projectos de aprendizagem automática na construção. Ajudam as empresas de construção a planear e a atribuir recursos de forma eficaz e a monitorizar as despesas para garantir que o projeto se mantém dentro do orçamento atribuído. Ao considerar estes factores, os gestores de projectos podem implementar com êxito projectos de aprendizagem automática e colher os seus benefícios enquanto gerem os custos.

3.4 GESTÃO DO CALENDÁRIO E DA FORÇA DE TRABALHO

A aprendizagem automática (ML) tem vindo a revolucionar a indústria da construção, fornecendo previsões precisas e conhecimentos sobre vários aspectos dos projectos de construção, como a estimativa de custos, o planeamento e a gestão de riscos. Neste artigo, discutiremos como o planeamento e a gestão da força de trabalho da aprendizagem automática desempenham um papel crucial nos projectos de construção.

Gestão de horários com aprendizagem automática

Os projectos de construção são complexos e a calendarização desempenha um papel vital para garantir a entrega atempada e a rentabilidade. No entanto, a gestão manual de um calendário de construção pode ser demasiado pesada, conduzindo a atrasos e a custos excessivos. É aqui que entra a aprendizagem automática.

Os algoritmos de aprendizagem automática podem analisar dados históricos de projectos, tais como calendários e prazos anteriores, para identificar padrões e prever com precisão as etapas futuras. Isto permite aos gestores de projectos tomar decisões baseadas em dados e ajustar os calendários para mitigar os riscos e evitar atrasos. Por exemplo, se uma determinada fase do projeto estiver a sofrer estrangulamentos, os algoritmos de aprendizagem automática podem prever a extensão do atraso e sugerir medidas proactivas para o atenuar.

Além disso, com o advento do software de programação automatizado, os algoritmos de aprendizagem automática podem otimizar as programações em tempo real, tendo em conta várias restrições, como a disponibilidade de mão de obra, a utilização de equipamento e as condições meteorológicas. Isto ajuda a garantir que os projectos são entregues a tempo, minimizando o risco de atrasos e derrapagens de custos.

Gestão da força de trabalho com aprendizagem automática

Gerir eficazmente uma força de trabalho de construção é crucial para garantir o sucesso do projeto. No entanto, pode ser difícil equilibrar os requisitos e a atribuição de mão de obra, especialmente quando se trata de projectos complexos com diferentes requisitos de competências.

A aprendizagem automática pode ajudar a automatizar este processo e a melhorar a precisão da gestão da força de trabalho das seguintes formas:

1. Previsão das necessidades de mão de obra: Utilizando dados históricos e calendários de construção, os algoritmos de aprendizagem automática podem prever com precisão os requisitos de mão de obra para um projeto. Isto permite aos gestores de projectos garantir níveis de pessoal adequados e evitar a sobre ou subutilização de recursos.

2. Otimizar a atribuição da força de trabalho: Os algoritmos de aprendizagem automática podem otimizar a atribuição da força de trabalho com base nas competências dos trabalhadores, no equipamento disponível e nas exigências do projeto, o que ajuda a garantir uma execução eficiente das tarefas.

3. Melhorar a segurança: A aprendizagem automática também pode melhorar a segurança dos trabalhadores, identificando potenciais perigos e fornecendo alertas em tempo real, acabando por reduzir o risco de acidentes e lesões.

Conclusão

A aprendizagem automática é um fator de mudança na gestão de projectos de construção, ajudando os gestores de projectos a tomar decisões baseadas em dados e a otimizar os calendários e a afetação da força de trabalho. Ao adotar as mais recentes tecnologias de aprendizagem automática, as empresas de construção podem garantir a conclusão atempada dos projectos e um melhor desempenho em termos de qualidade.

3.5 ATENUAÇÃO DOS RISCOS E REFORÇO DA SEGURANÇA

A aprendizagem automática revolucionou a indústria da construção ao fornecer soluções para vários desafios, como a manutenção preditiva, o controlo de qualidade, a melhoria da segurança e a mitigação de riscos. No entanto, tal como qualquer outra tecnologia, a aprendizagem automática apresenta alguns riscos potenciais que têm de ser abordados para garantir projectos de construção seguros e eficientes. A mitigação dos riscos e o reforço da segurança são, por conseguinte, medidas essenciais que devem ser consideradas aquando da implementação da aprendizagem automática em projectos de construção.

A atenuação dos riscos na aprendizagem automática envolve a identificação de potenciais riscos e a adoção de medidas proactivas para os reduzir ou eliminar. Um dos principais riscos na aprendizagem automática é a privacidade e a segurança dos dados. A indústria da construção lida com grandes quantidades de dados sensíveis, incluindo desenhos de edifícios, informações financeiras e calendários de projectos que têm de ser protegidos contra o acesso não autorizado e ciberataques. Para mitigar este risco, as empresas de construção podem garantir que os algoritmos e modelos de aprendizagem automática são desenvolvidos utilizando práticas de codificação seguras e também garantir que os dados são recolhidos, armazenados e analisados em conformidade com os regulamentos de privacidade de dados.

Outro risco é a precisão e a fiabilidade dos modelos de aprendizagem automática. Os modelos de aprendizagem automática baseiam-se em dados anteriores para fazer previsões e tomar decisões e, se os dados forem incorrectos ou tendenciosos, os modelos podem produzir resultados imprecisos, conduzindo a erros dispendiosos e a projectos de construção inseguros. Para mitigar este risco, as empresas de construção têm de garantir que os modelos de aprendizagem automática são testados quanto à sua precisão e fiabilidade e também actualizados regularmente com novos dados para garantir que continuam a ser relevantes e eficazes.

A melhoria da segurança envolve a utilização da aprendizagem automática para identificar potenciais riscos de segurança e tomar medidas proactivas para melhorar a segurança dos trabalhadores. Um dos principais riscos de segurança em projectos de construção é a utilização de maquinaria pesada que pode representar um risco para os trabalhadores e para o ambiente circundante. Com a aprendizagem automática, as empresas podem detetar potenciais riscos de segurança em máquinas e equipamentos e tomar medidas proactivas, como a manutenção programada, para evitar a ocorrência de acidentes.

A aprendizagem automática também pode ser utilizada para melhorar a segurança nos estaleiros de construção, analisando e prevendo o comportamento dos trabalhadores. Por exemplo, os modelos de aprendizagem automática podem detetar a fadiga dos trabalhadores com base em padrões de movimento e alertar os supervisores para que tomem as medidas adequadas para evitar acidentes.

Em conclusão, a aprendizagem automática tem potencial para transformar a indústria da construção, mas devem ser implementadas medidas eficazes de mitigação dos riscos e de reforço da segurança para garantir projectos de construção seguros e eficientes. As empresas de construção devem dar prioridade à privacidade e à segurança dos dados, à precisão e fiabilidade dos modelos de aprendizagem automática e utilizar a aprendizagem automática para melhorar a segurança dos trabalhadores. Ao implementar estas medidas, as empresas de construção podem aproveitar os potenciais benefícios da aprendizagem automática, mitigando simultaneamente os potenciais riscos e criando ambientes de trabalho mais seguros.

Capítulo - 4

RECOLHA E PREPARAÇÃO DE DADOS

VISÃO GERAL

A recolha e a preparação de dados são fases essenciais da aprendizagem automática para projectos de construção. Nesta descrição geral, abordaremos o processo de recolha e preparação de dados e a sua importância na utilização de técnicas de aprendizagem automática para projectos de construção.

Recolha de dados:

A recolha de dados é o processo de recolha de dados brutos de várias fontes. Na indústria da construção, os dados podem ser recolhidos através de vários canais, como sensores, drones, modelos BIM, aplicações móveis, fotografias e relatórios gerados pela equipa do projeto de construção. Os dados recolhidos fornecem informações importantes sobre o desempenho do projeto, a cadeia de fornecimento envolvida e outros factores que afectam o processo de construção.

Preparação dos dados:

A preparação dos dados envolve a limpeza, a transformação e a organização dos dados recolhidos. Trata-se de um processo moroso que exige que os analistas de dados examinem os dados e garantam que estão isentos de erros, completos e formatados para se adequarem aos requisitos dos algoritmos de aprendizagem automática. Os dados são ordenados, filtrados e formatados para extrair informações e padrões significativos.

Importância da recolha e preparação de dados na aprendizagem automática para projectos de construção:

O sector da construção está a tornar-se cada vez mais digitalizado e as grandes quantidades de dados gerados podem ajudar a melhorar a eficiência e a produtividade do processo de construção. Os algoritmos de aprendizagem automática são treinados em dados para fazer previsões, identificar padrões e fornecer informações que ajudam a melhorar o processo de construção. No entanto, os algoritmos de aprendizagem automática requerem um grande conjunto de dados para otimizar a precisão das previsões efectuadas.

A existência de dados exactos e abrangentes permite que os algoritmos de aprendizagem automática aprendam com os erros do passado, identifiquem os problemas atempadamente e apresentem soluções. Com a recolha e preparação de dados, as equipas de projectos de construção podem prever potenciais atrasos ou derrapagens de custos, identificar áreas de alto risco e acompanhar o progresso do projeto em tempo real. Esta abordagem analítica à gestão da construção pode aumentar a responsabilidade e a transparência, melhorar a segurança e reduzir o impacto ambiental das operações de construção.

Conclusão:

A recolha e a preparação de dados são essenciais na aprendizagem automática para projectos de construção. Fornece informações à equipa de construção para tomar decisões informadas, prever potenciais problemas e otimizar a eficiência e a produtividade do processo de construção. A recolha e a preparação de dados permitem às equipas de projectos de construção gerir os projectos de forma mais eficiente, conduzindo, em última análise, à redução de custos e à melhoria dos resultados dos projectos.

4.1 TIPOS DE DADOS DE CONSTRUÇÃO

Os dados de construção referem-se a informações relacionadas com a indústria da construção, incluindo vários aspectos como a conceção, o planeamento, a programação, a estimativa de custos, os materiais e a mão de obra. Os dados de construção podem ser classificados em diferentes tipos com base em vários atributos, como a finalidade, a utilização e a natureza dos dados.

Alguns dos tipos de dados de construção são:

1. Dados de projeto: Os dados de conceção referem-se a toda a informação necessária para a conceção de um projeto de construção, como desenhos, plantas, modelos 3D e especificações do projeto. Inclui todo o processo de conceção e a documentação criada ao longo do mesmo, para transmitir os requisitos do projeto.

2. Dados de planeamento: Os dados de planeamento incluem informação sobre todo o processo de construção, incluindo a calendarização, a atribuição de recursos e a orçamentação. É necessário planear cuidadosamente um projeto para garantir que a construção seja concluída a tempo e dentro do orçamento.

3. Dados relativos aos materiais: Os dados relativos aos materiais referem-se à informação sobre os tipos e as quantidades de materiais necessários para a construção de um projeto. É necessário gerir e acompanhar estes dados para minimizar os desperdícios e otimizar os custos de forma eficaz.

4. Dados sobre a mão de obra: Os dados da mão de obra incluem informações sobre os trabalhadores envolvidos num projeto de construção, incluindo os seus horários, responsabilidades e horas trabalhadas. A gestão

dos dados da mão de obra ajuda a otimizar a eficiência e o desempenho na conclusão de um projeto.

5. Dados financeiros: Os dados financeiros englobam todas as informações financeiras relacionadas com o projeto, tais como custos, despesas e fluxos de receitas. Estes dados têm de ser acompanhados e geridos de forma eficiente para garantir a viabilidade financeira do projeto.

6. Dados de segurança: Os dados de segurança incluem informações relativas a riscos de segurança, acidentes e incidentes que ocorrem no local de construção. É essencial manter e registar estes dados para garantir o cumprimento dos regulamentos de segurança e minimizar os riscos para os trabalhadores.

7. Dados ambientais: Os dados ambientais incluem informações sobre o impacto de um projeto de construção no ambiente. É necessário monitorizar e mitigar os impactos ambientais para cumprir as leis e regulamentos ambientais.

Em resumo, os dados de construção podem ser classificados com base em vários atributos, como a finalidade, a utilização e a natureza. A gestão exacta e eficiente dos dados de construção em qualquer um dos seus tipos é essencial para um projeto de construção bem sucedido.

4.2 FONTES DE DADOS E TÉCNICAS DE RECOLHA

Os projectos de construção envolvem uma vasta gama de fontes de dados e técnicas de recolha, desde observações físicas no local até ferramentas avançadas de análise de dados. Estas fontes de dados e técnicas são utilizadas para monitorizar o progresso, acompanhar os custos e melhorar os processos de tomada de decisão ao longo do ciclo de vida de um projeto.

Uma das principais fontes de dados em projectos de construção são as observações no local. Estas são normalmente realizadas por gestores de projectos, supervisores, engenheiros e arquitectos, que compilam dados através de inspecções físicas, avaliações visuais e medições. Estes dados são depois introduzidos nos sistemas de gestão para acompanhar o progresso, identificar potenciais problemas e informar a tomada de decisões.

Outras fontes de dados habitualmente utilizadas na gestão da construção incluem ferramentas digitais, como software de gestão de projectos, plataformas de análise de dados e sistemas de marcação eletrónica. Estes instrumentos permitem às equipas captar dados relacionados com os calendários dos projectos, os prazos, as derrapagens de custos e a utilização de materiais. Ajudam também a reduzir o risco e a aumentar a visibilidade do projeto, fornecendo informações em tempo real sobre o estado do projeto.

As técnicas de recolha de dados também desempenham um papel vital na gestão da construção. Por exemplo, a Lean Construction requer várias técnicas para melhorar a eficiência do processo de construção e eliminar o desperdício. Técnicas como o mapeamento do fluxo de valor, o mapeamento do processo, a análise do fluxo e a análise da causa raiz são utilizadas para recolher dados e analisar o processo de construção.

Outra técnica utilizada nos projectos de construção é a Modelação da Informação da Construção (BIM). O BIM fornece um modelo 3D de um projeto de construção e permite que as equipas colaborem e partilhem dados em todas as fases do projeto. O BIM ajuda a melhorar a comunicação e a tomada de decisões, a reduzir as ineficiências e o retrabalho e a aumentar a produtividade.

Em conclusão, as fontes de dados e as técnicas de recolha em projectos de construção são essenciais para monitorizar o progresso, acompanhar os custos e melhorar os processos de tomada de decisão. Observações no local, ferramentas digitais, técnicas de Lean Construction e BIM são apenas alguns exemplos das fontes de dados e técnicas de recolha utilizadas na gestão da construção. A utilização eficaz destas fontes de dados e técnicas é crucial para o êxito dos projectos de construção.

4.3 PRÉ-PROCESSAMENTO E LIMPEZA DOS DADOS

O pré-processamento e a limpeza de dados no sector da construção referem-se às medidas tomadas para transformar os dados brutos numa forma mais utilizável e exacta antes da análise. Envolve a identificação de erros, incoerências e anomalias nos dados e a sua retificação para garantir que os dados utilizados para a tomada de decisões são de elevada qualidade.

As seguintes etapas estão envolvidas no pré-processamento e limpeza de dados em projectos de construção:

1. Recolha de dados: O primeiro passo no pré-processamento de dados é a recolha de dados de diferentes fontes, como sensores, topógrafos, empreiteiros e outras partes interessadas envolvidas no projeto. É essencial definir os requisitos de dados e garantir que todos os dados necessários são recolhidos.

2. Integração dos dados: A segunda etapa consiste em integrar os dados recolhidos num único conjunto de dados, que pode incluir diferentes tipos de dados, tais como dados numéricos, categóricos e de texto. O processo de integração de dados pode envolver a fusão ou combinação de conjuntos de dados de diferentes fontes ou sistemas.

3. Limpeza dos dados: O passo seguinte consiste em limpar os dados para garantir que são exactos, completos e consistentes. Este processo envolve a identificação e correção de erros, tais como dados em falta, duplicados ou valores atípicos. A limpeza de dados também pode envolver

a padronização de unidades de medida ou formatos de dados para facilitar a análise.

4. Transformação dos dados: A quarta etapa do pré-processamento de dados envolve a conversão dos dados brutos num formato transformado que seja mais adequado para análise. Este processo pode envolver a normalização dos dados, que envolve o escalonamento dos dados para um intervalo comum, ou a redução dos dados, que envolve o resumo dos dados utilizando métodos estatísticos.

5. Formatação dos dados: O passo final do pré-processamento e limpeza de dados envolve a formatação dos dados limpos e transformados numa estrutura que possa ser utilizada para análise. Isto pode envolver a exportação dos dados para uma folha de cálculo ou formato de base de dados, ou pode envolver o desenvolvimento de modelos analíticos que possam fornecer informações sobre o desempenho do projeto de construção.

Em resumo, o pré-processamento e a limpeza dos dados envolvem várias etapas para garantir que os dados utilizados nos projectos de construção são exactos, completos e consistentes. Este processo permite que as partes interessadas analisem os dados de forma mais eficaz e tomem decisões informadas que podem melhorar o desempenho do projeto, reduzir custos e melhorar a qualidade dos projectos de construção.

4.4 SELECÇÃO E TRANSFORMAÇÃO DE CARACTERÍSTICAS

A seleção e a transformação de características são componentes essenciais dos projectos de construção que envolvem a recolha e o processamento de grandes volumes de dados para permitir a tomada de decisões informadas. Em termos simples, a seleção e a transformação de características referem-se ao processo de identificação e transformação dos pontos de dados mais relevantes que podem oferecer informações sobre o progresso e o desempenho do projeto.

O processo de seleção de características envolve a identificação das variáveis mais críticas, seleccionando apenas as que têm um impacto significativo no resultado do projeto. O processo de seleção de características é fundamental porque permite que os gestores de projectos se concentrem nas variáveis mais relevantes e as utilizem para orientar a tomada de decisões.

Por outro lado, a transformação de características envolve a manipulação dos dados recolhidos para gerar novas características significativas que ajudem a captar relações importantes entre os vários elementos do projeto. A transformação de características pode ser conseguida através de várias técnicas, como a normalização, a discretização, a análise de componentes principais ou o agrupamento.

A normalização é um método que envolve o escalonamento de dados para garantir que eles variem entre 0 e 1. Essa técnica é útil quando os conjuntos de dados são compostos por diferentes unidades de medida, dificultando a comparação de resultados. A discretização, por outro lado, envolve o processo de divisão de variáveis contínuas em pequenos intervalos ou intervalos. Este método é útil para agrupar dados em classes ou categorias específicas para facilitar a análise.

A análise de componentes principais, também conhecida como PCA, é uma técnica que envolve a análise de dados para identificar padrões e relações subjacentes. A técnica envolve a extração dos componentes principais que captam a maior parte da variação nos dados, permitindo aos gestores de projectos concentrarem-se nas variáveis mais relevantes.

Por último, o agrupamento envolve o agrupamento de pontos de dados semelhantes, resultando numa redução do número de variáveis. A análise de clusters é útil na classificação de dados em grupos e na identificação de padrões que não são facilmente observáveis a partir de um conjunto de dados em bruto.

Em conclusão, a seleção e a transformação de características são componentes essenciais dos projectos de construção. Permitem que os gestores de projectos se concentrem nas variáveis mais relevantes e gerem características novas e significativas que ajudam a captar relações importantes entre os vários elementos do projeto.

Capítulo - 5

MODELOS DE APRENDIZAGEM AUTOMÁTICA PARA PROJECTOS DE CONSTRUÇÃO

VISÃO GERAL

A aprendizagem automática é um subconjunto da inteligência artificial que se centra na criação de aplicações que podem aprender e melhorar a partir de dados sem serem explicitamente programadas. Os modelos de aprendizagem automática têm sido cada vez mais utilizados em projectos de construção devido à sua capacidade de analisar grandes conjuntos de dados e prever resultados com maior precisão.

Aqui está uma visão geral dos modelos de aprendizagem automática para projectos de construção:

1. Modelação preditiva: A modelação preditiva é a aplicação mais comum da aprendizagem automática em projectos de construção. Ao analisar dados de projectos anteriores, as empresas de construção podem prever resultados e determinar possíveis obstáculos. A modelação preditiva pode ser utilizada para prever prazos de projectos, estimativas de custos, falta de mão de obra e necessidades de materiais.

2. Reconhecimento de imagens e vídeos: O reconhecimento de imagem e vídeo é uma ferramenta poderosa que pode ser utilizada para identificar defeitos, problemas de qualidade e preocupações de segurança na construção. Os algoritmos de aprendizagem automática podem analisar

imagens ou vídeos de locais de trabalho e identificar anomalias automaticamente, ajudando as empresas de construção a identificar e retificar rapidamente os problemas.

3. Otimização de recursos: Os algoritmos de aprendizagem automática podem ser utilizados para otimizar a atribuição de recursos em projectos de construção. Por exemplo, através da análise de dados históricos, os modelos de aprendizagem automática podem determinar o número ideal de trabalhadores necessários para uma determinada tarefa, a melhor altura do dia para realizar certas tarefas e os percursos mais eficientes para o transporte de materiais e equipamento.

4. Análise de risco: Os modelos de aprendizagem automática podem ser utilizados para analisar factores de risco e avaliar a probabilidade de acidentes ou atrasos nos projectos de construção. Ao analisar dados históricos e identificar tendências, as empresas de construção podem identificar áreas de alto risco e tomar medidas proactivas para reduzir a probabilidade de acidentes ou atrasos.

5. Controlo de qualidade: Os modelos de aprendizagem automática podem ser utilizados para analisar materiais de construção e identificar defeitos ou problemas de qualidade. Por exemplo, os algoritmos de aprendizagem automática podem analisar matérias-primas como o aço, o betão ou a madeira e identificar defeitos antes de serem incorporados num projeto de construção.

Em resumo, os modelos de aprendizagem automática têm um enorme potencial para aumentar a produtividade, reduzir os custos e melhorar a segurança nos projectos de construção. Com a capacidade de analisar grandes quantidades de dados e prever resultados com maior precisão, os modelos de aprendizagem automática podem revolucionar a forma como os projectos de construção são planeados, geridos e executados.

5.1 ALGORITMOS DE APRENDIZAGEM SUPERVISIONADA

Os algoritmos de aprendizagem supervisionada são uma ferramenta importante nos projectos de construção modernos. Permitem que os gestores de projectos adoptem uma abordagem baseada em dados para a tomada de decisões e melhorem a eficiência e eficácia gerais dos processos de construção. Neste artigo, discutiremos alguns dos algoritmos de aprendizagem supervisionada mais utilizados em projectos de construção e a forma como podem ser utilizados para otimizar vários aspectos do processo de construção.

1. Regressão linear: A regressão linear é um algoritmo de aprendizagem supervisionada comummente utilizado para prever uma variável de saída contínua com base em variáveis de entrada. Em projectos de construção, pode ser utilizado para prever o custo de um projeto com base em vários parâmetros do projeto, como a dimensão do projeto, a localização e o tipo de materiais utilizados.

2. Árvores de decisão: As árvores de decisão são um algoritmo popular que é utilizado para criar uma representação visual das decisões e dos seus possíveis resultados. Nos projectos de construção, as árvores de decisão podem ser utilizadas para otimizar a utilização dos recursos, identificando a forma mais eficiente de os afetar a um projeto.

3. Floresta aleatória: As florestas aleatórias são um tipo de aprendizagem em conjunto que combina várias árvores de decisão para produzir previsões mais exactas. Nos projectos de construção, as florestas aleatórias podem ser utilizadas para prever a probabilidade de atrasos ou falhas do projeto, analisando múltiplas variáveis, como o clima, a disponibilidade de mão de obra e o fornecimento de materiais.

4. Gradient Boosting: O Gradient Boosting é outro algoritmo de aprendizagem de conjunto que é normalmente utilizado em projectos de construção. É utilizado para melhorar a precisão das previsões, combinando modelos mais fracos num modelo mais forte. Nos projectos de construção, o gradient boosting pode ser utilizado para otimizar a programação das tarefas de construção, prevendo a melhor altura para iniciar e terminar cada tarefa.

5. Máquinas de vectores de suporte: As máquinas de vectores de suporte (SVM) são um tipo de algoritmo utilizado para classificar dados, encontrando o hiperplano ótimo que separa as diferentes classes. Nos projectos de construção, as SVM podem ser utilizadas para prever a qualidade do trabalho realizado pelos empreiteiros, analisando o histórico de trabalho anterior e as classificações de qualidade.

Em conclusão, os algoritmos de aprendizagem supervisionada podem desempenhar um papel crucial na melhoria da eficiência e da eficácia dos projectos de construção. Ao utilizar estes algoritmos, os gestores de projectos podem tomar decisões baseadas em dados e otimizar vários aspectos do processo de construção, como a atribuição de recursos, a programação e o controlo de qualidade. É importante notar que a implementação bem sucedida destes algoritmos requer uma grande quantidade de dados de alta qualidade, bem como cientistas de dados qualificados que possam analisar e interpretar os dados de forma eficaz.

5.2 ALGORITMOS DE APRENDIZAGEM NÃO SUPERVISIONADA

Nos últimos anos, os algoritmos de aprendizagem não supervisionada (UCL) têm vindo a ganhar uma atenção significativa no sector da construção. Estes algoritmos são amplamente utilizados para a extração de dados em projectos de construção, uma vez que proporcionam uma forma rentável e eficiente de analisar grandes volumes de dados. Os algoritmos UCL são utilizados para identificar padrões ou estruturas nos dados sem necessidade de conhecimento prévio da estrutura dos dados.

Os projectos de construção geram uma enorme quantidade de dados, que incluem engenharia, design, aprovisionamento e actividades relacionadas com a construção. Estes dados estão frequentemente espalhados por vários locais e departamentos, o que torna a sua análise e consolidação um desafio. No entanto, os algoritmos da UCL podem ser utilizados para extrair informações valiosas dos dados e fornecer conhecimentos que podem conduzir a uma melhor tomada de decisões.

O principal objetivo dos algoritmos UCL em projectos de construção é identificar padrões a partir de agrupamentos de pontos de dados. Um dos algoritmos UCL mais comuns utilizados em projectos de construção é o agrupamento K-Means. O algoritmo K-Means é de natureza iterativa e separa os pontos de dados em grupos distintos com base nas suas características. É um algoritmo rápido e relativamente fácil de implementar que pode ser utilizado para identificar irregularidades nos dados.

Outro algoritmo UCL utilizado em projectos de construção é o algoritmo de análise de componentes principais (PCA). O PCA ajuda a reduzir a dimensionalidade do conjunto de dados, mantendo a maior parte da informação. Este algoritmo pode ser utilizado para identificar padrões ocultos num grande conjunto de dados e ajudar a identificar as variáveis que são mais importantes para determinar o resultado de um projeto.

Além disso, o algoritmo SOM (Self-Organizing Map) é outro algoritmo UCL que pode ser utilizado em projectos de construção. O SOM é um tipo de rede neural que pode ser utilizado para identificar a estrutura dos dados. Ajuda a revelar a ordem e a estrutura presentes em conjuntos de dados complexos.

A utilização de algoritmos UCL em projectos de construção pode trazer vários benefícios. Em primeiro lugar, pode ajudar as equipas de projeto a identificar os potenciais riscos do projeto e, consequentemente, a planear atenuações para esses riscos. Em segundo lugar, os algoritmos UCL podem também ajudar a prever acontecimentos futuros e melhorar os prazos dos projectos, reduzindo os seus calendários e custos. Em terceiro lugar, as decisões baseadas em dados podem ser tomadas com base em algoritmos UCL, resultando numa maior qualidade da tomada de decisões e reduzindo potencialmente a ocorrência de erros dispendiosos.

No entanto, existem também algumas limitações à utilização de algoritmos UCL em projectos de construção. Uma das preocupações é que os algoritmos dependem de dados e, se os dados não forem representativos, os algoritmos podem produzir resultados incorrectos. Além disso, os algoritmos UCL requerem uma quantidade significativa de dados e, se o conjunto de dados for pequeno, a exatidão dos resultados pode ser limitada.

Em conclusão, a utilização de algoritmos de aprendizagem não supervisionada em projectos de construção está a tornar-se mais frequente à medida que a indústria continua a adotar a análise de dados. Os algoritmos têm o potencial de ajudar as equipas de projeto a tomar decisões bem informadas e a melhorar os resultados do projeto. No entanto, é essencial reconhecer as limitações dos algoritmos e avaliar cuidadosamente os dados antes de os utilizar.

5.3 ALGORITMOS DE APRENDIZAGEM PROFUNDA

Os algoritmos de aprendizagem profunda revolucionaram o sector da construção, proporcionando uma abordagem inovadora à gestão de projectos. Estão a ser utilizados por gestores de projectos e engenheiros para melhorar o processo de construção e gerir eficazmente os seus projectos. Os algoritmos de aprendizagem profunda são uma forma de aprendizagem automática que envolve o treino de uma rede neural artificial (RNA) para identificar padrões nos dados. Isto torna-os uma ferramenta valiosa em projectos de construção, uma vez que podem processar grandes quantidades de dados, automatizar tarefas complexas e fazer previsões precisas sobre os resultados do projeto.

As aplicações mais comuns dos algoritmos de aprendizagem profunda em projectos de construção incluem a previsão, a classificação e a deteção de anomalias. Estas aplicações são utilizadas para identificar as fases dos projectos de construção que necessitam de atenção, prever o custo e o tempo dos projectos, detetar e prevenir riscos e melhorar a qualidade do trabalho.

Exemplos destas aplicações são:

1. Otimização do calendário: Os algoritmos de aprendizagem profunda podem ser utilizados para prever o tempo necessário para a conclusão de um projeto, tendo em conta a quantidade de recursos disponíveis. Isto permite que os gestores de projectos atribuam recursos de forma eficiente e optimizem o calendário de construção.

2. Gestão de riscos: Os algoritmos de aprendizagem profunda podem reconhecer padrões nos dados que sugerem potenciais riscos ou perigos. Esta informação pode então ser utilizada para prevenir acidentes e minimizar o impacto de eventos adversos.

3. Controlo de qualidade: Os algoritmos de aprendizagem profunda podem ser utilizados para detetar defeitos ou anomalias no trabalho de construção, o que pode ajudar a garantir que um projeto é concluído com o mais elevado padrão possível.

4. Estimativa de custos: Os algoritmos de aprendizagem profunda podem analisar projectos anteriores para estimar o custo de projectos futuros

semelhantes. Isto ajuda os gestores de projectos a planear e orçamentar de forma mais eficaz.

Os algoritmos de aprendizagem profunda também podem ser utilizados para otimizar a conceção de edifícios e infra-estruturas. Ao analisar dados de projectos anteriores, os algoritmos de aprendizagem profunda podem identificar padrões de conceção que tenham sido associados a projectos bem sucedidos, bem como aqueles que tenham sido associados a fracassos. Estes dados podem então ser utilizados para informar o processo de conceção.

Uma das vantagens mais significativas dos algoritmos de aprendizagem profunda em projectos de construção é a sua capacidade de processar grandes quantidades de dados. Ao analisar dados de sensores, drones e outras fontes, os algoritmos de aprendizagem profunda podem desenvolver uma compreensão detalhada de um projeto. Isto permite previsões precisas sobre os resultados do projeto, o que leva a uma melhor tomada de decisões.

Em conclusão, os algoritmos de aprendizagem profunda revolucionaram o sector da construção. Trouxeram um novo nível de eficiência, precisão e automatização aos projectos de construção, tornando-os uma ferramenta essencial na gestão de projectos. As aplicações dos algoritmos de aprendizagem profunda na construção são vastas, desde a gestão de riscos à estimativa de custos. À medida que a tecnologia continua a melhorar, é provável que os algoritmos de aprendizagem profunda se tornem ainda mais importantes no sector da construção.

Capítulo - 6

IMPLEMENTAÇÃO DA APRENDIZAGEM AUTOMÁTICA EM PROJECTOS DE CONSTRUÇÃO

VISÃO GERAL

A aprendizagem automática tem vindo a ganhar força em diversos domínios, incluindo o sector da construção. Os projectos de construção envolvem uma enorme quantidade de dados e, ao tirar partido das técnicas de aprendizagem automática, os empreiteiros podem otimizar os parâmetros, o calendário e o custo do projeto para obter resultados optimizados.

A implementação da aprendizagem automática em projectos de construção envolve as seguintes etapas:

1. Recolha de dados: O primeiro passo para a implementação da aprendizagem automática consiste em recolher dados de várias fontes, tais como software de gestão de projectos, dispositivos sensores e dados históricos de projectos. A recolha de dados precisos, específicos e fiáveis é um aspeto crucial da aprendizagem automática.

2. Limpeza dos dados: Uma vez recolhidos os dados, estes devem ser pré-processados para eliminar quaisquer dados irrelevantes ou incompletos. Normalmente, a limpeza dos dados envolve passos como a normalização, a remoção de outliers e a sugestão de valores em falta.

3. Visualização de dados: A visualização de dados ajuda a observar e a compreender padrões e tendências nos dados, o que é relevante para o desenvolvimento de modelos de aprendizagem automática para projectos de construção.

4. Seleção e formação do modelo de aprendizagem automática: Após a limpeza e a visualização dos dados, o passo seguinte consiste em selecionar o algoritmo de aprendizagem automática adequado. De seguida, o algoritmo tem de ser treinado e testado com os dados. Para obter um modelo de aprendizagem automática ótimo, o modelo deve ser treinado, validado e testado com vários conjuntos de dados.

5. Operacionalização: Uma vez criado um modelo de aprendizagem automática adequado, este deve ser implementado e integrado no sistema de gestão de projectos de construção. A integração adequada dos modelos de aprendizagem automática exige que os empreiteiros preparem fluxos de trabalho, entradas de dados em tempo real e saídas de dados.

Aplicações da aprendizagem automática em projectos de construção:

1. Manutenção preditiva: Os algoritmos de aprendizagem automática podem prever potenciais falhas do equipamento e notificar atempadamente os utilizadores do sistema.

2. Estimativa de custos de projectos: Utilizando a aprendizagem automática, os empreiteiros podem prever o custo dos projectos de construção com maior precisão.

3. Otimização do calendário: Os algoritmos de aprendizagem automática podem ajustar dinamicamente o calendário do projeto de acordo com os dados introduzidos e fornecer um calendário ótimo para o projeto de construção.

4. Melhoria da segurança: Ao analisar dados históricos, um algoritmo de aprendizagem automática pode identificar e prever riscos de segurança, fornecendo alertas atempados aos trabalhadores.

5. Controlo da qualidade: Os algoritmos de aprendizagem automática podem examinar automaticamente os dados para reconhecer problemas de qualidade e implementar acções correctivas.

Conclusão

A aprendizagem automática é uma tecnologia promissora na indústria da construção, fornecendo sistemas automatizados para otimizar o desempenho do projeto e reduzir os custos dos projectos de construção. O processo de implementação do algoritmo de aprendizagem automática em projectos de construção pode ser um desafio, mas uma vez implementado, o sistema é automatizado, económico e pode fazer uma diferença significativa na gestão do projeto.

6.1 DESENVOLVIMENTO E TESTE DE MODELOS

A aprendizagem automática é um subcampo da inteligência artificial (IA) que se tem tornado cada vez mais popular no sector da construção. Pode ser utilizada para melhorar a eficiência e a precisão de várias tarefas, como a previsão da duração e do custo dos projectos, a otimização da atribuição de recursos e a identificação de potenciais atrasos. Segue-se uma descrição detalhada do processo de desenvolvimento e implementação de modelos para a aprendizagem automática em projectos de construção.

Desenvolvimento de modelos

1. Definição do problema: O primeiro passo para desenvolver um modelo de aprendizagem automática é definir o problema que precisa de ser

resolvido. Por exemplo, o problema pode ser a redução dos atrasos na construção ou a melhoria dos processos de gestão de projectos.

2. Recolha de dados e pré-processamento: Uma vez identificado o problema, o passo seguinte consiste em recolher e pré-processar os dados relevantes. Muitas vezes, os dados provêm de uma variedade de fontes, tais como planos de construção, registos de equipamento e software de programação. O pré-processamento de dados envolve a limpeza dos dados, a sua transformação num formato utilizável e a remoção de informações irrelevantes.

3. Seleção de características: Depois de os dados terem sido recolhidos e pré-processados, o passo seguinte consiste em identificar as características mais relevantes para o problema. Estas características podem ser qualquer coisa, desde cronogramas de projectos a taxas de utilização de equipamento.

4. Seleção do modelo: Após a identificação das características, o passo seguinte consiste em selecionar um algoritmo de aprendizagem automática capaz de resolver eficazmente o problema. Alguns dos algoritmos mais comuns utilizados em projectos de construção incluem regressão linear, árvores de decisão e redes neurais.

5. Otimização dos hiperparâmetros: Uma vez selecionado o algoritmo, o passo seguinte consiste em otimizar os hiperparâmetros. Estes parâmetros podem ter um impacto significativo na precisão de um modelo, e é essencial encontrar os valores ideais para maximizar o desempenho.

6. Treino e validação: Uma vez optimizados os hiperparâmetros, o modelo é treinado e validado utilizando uma parte dos dados recolhidos. Este processo permite ao programador avaliar a precisão do modelo e efetuar os ajustes necessários.

Implementação do modelo

1. Integração com os sistemas existentes: Depois de o modelo ter sido desenvolvido e validado, o passo seguinte é integrá-lo nos sistemas existentes. Isto pode envolver a ligação do modelo de aprendizagem automática a um software de gestão de projectos ou torná-lo acessível através de uma interface Web.

2. Aquisição e manutenção de dados: Depois de o modelo ser implementado, é essencial garantir que continua a receber dados de elevada qualidade. Isto pode implicar a recolha e o pré-processamento contínuos de dados, bem como a manutenção regular do modelo de aprendizagem automática.

3. Monitorização e avaliação: Uma vez que o modelo esteja integrado e os dados sejam adquiridos, é essencial monitorizar e avaliar continuamente o desempenho do sistema. A monitorização regular garante que o modelo se mantém exato e eficaz ao longo do tempo.

4. Aperfeiçoamento e melhoria: Ao longo do tempo, o sistema pode necessitar de aperfeiçoamento e melhoria para responder às mudanças no sector da construção ou para melhorar a precisão. Estes aperfeiçoamentos podem incluir a atualização do algoritmo de aprendizagem automática ou a modificação de características.

Em conclusão, a aprendizagem automática tornou-se uma ferramenta essencial na indústria da construção, ajudando as organizações a melhorar a eficiência, reduzir custos e gerir projectos de forma mais eficaz. No entanto, o sucesso de um modelo de aprendizagem automática depende da qualidade dos dados, da escolha do algoritmo e da monitorização e avaliação contínuas. Em última análise, o desenvolvimento e a implementação de modelos de aprendizagem automática devem ser encarados como um processo contínuo que exige um aperfeiçoamento e um ajustamento contínuos para se obter um desempenho ótimo.

6.2 IMPLANTAÇÃO E MONITORIZAÇÃO DO MODELO

Introdução:

Os modelos de aprendizagem automática têm o potencial de revolucionar a indústria da construção, reduzindo os custos, melhorando a segurança e permitindo uma gestão mais eficiente dos projectos de construção. Depois de construir e testar o seu modelo de aprendizagem automática, o próximo passo importante é implementá-lo e monitorizá-lo em projectos de construção reais. Neste artigo, discutiremos os passos envolvidos na implementação do modelo e na monitorização da aprendizagem automática em projectos de construção.

Implantação do modelo:

A implementação do modelo é o processo de tornar o modelo de aprendizagem automática disponível para utilização no mundo real. O processo de implementação inclui as seguintes etapas:

1. Preparar os dados: O primeiro passo é preparar os dados necessários para implementar o modelo de aprendizagem automática. Isto inclui a limpeza e o processamento dos dados para garantir que estão no formato correto.

2. Escolher a plataforma de implantação: Depois de os dados estarem preparados, o passo seguinte é escolher a plataforma em que vai implementar o modelo de aprendizagem automática. Existem várias plataformas baseadas na nuvem disponíveis, como a Amazon Web Services (AWS), a Google Cloud Platform e a Microsoft Azure.

3. Implantação do modelo: Depois de escolher a sua plataforma de implementação, pode implementar o seu modelo de aprendizagem automática. Isto envolve o carregamento do modelo na plataforma, a configuração do ambiente e a definição da API.

4. Testar o modelo: Antes de utilizar o modelo implementado em projectos de construção reais, é importante testá-lo exaustivamente para garantir que está a funcionar como esperado. Isto inclui testar o modelo com diferentes conjuntos de dados e configurações.

Monitorização do modelo:

A monitorização de modelos é uma parte essencial da aprendizagem automática em projectos de construção. Envolve o acompanhamento do desempenho do modelo de aprendizagem automática depois de este ter sido implementado. O processo de monitorização inclui os seguintes passos:

1. Recolha de dados: O primeiro passo na monitorização do modelo consiste em recolher os dados necessários para monitorizar o desempenho do modelo de aprendizagem automática. Isto inclui a recolha de dados relacionados com o projeto de construção, tais como relatórios de progresso, utilização de equipamento e registos de segurança dos trabalhadores.

2. Métricas de desempenho do modelo: Uma vez recolhidos os dados, o passo seguinte consiste em estabelecer métricas de desempenho para o modelo de aprendizagem automática. Estas métricas devem ser utilizadas para acompanhar o desempenho do modelo ao longo do tempo.

3. Avaliação do desempenho: A etapa seguinte consiste em avaliar o desempenho do modelo de aprendizagem automática em relação às métricas estabelecidas. Para o efeito, podem ser utilizadas técnicas como a análise estatística e os algoritmos de aprendizagem automática.

4. Melhoria contínua: Por último, o modelo deve ser continuamente melhorado com base nos indicadores de desempenho e na avaliação. Isto pode implicar a atualização dos parâmetros do modelo, a alteração dos dados utilizados para o treino do modelo ou a melhoria do algoritmo utilizado no modelo.

Conclusão:

Os modelos de aprendizagem automática têm o potencial de transformar o sector da construção, melhorando a segurança e a produtividade e reduzindo os custos. No entanto, a implementação e monitorização bem sucedidas destes modelos requerem um planeamento cuidadoso e atenção aos detalhes. Seguindo os passos descritos neste artigo, pode garantir a implementação e monitorização bem sucedidas do seu modelo de aprendizagem automática em projectos de construção.

6.3 INTEGRAÇÃO COM OS SISTEMAS EXISTENTES

A aprendizagem automática tornou-se uma ferramenta indispensável nos projectos de construção devido à sua capacidade de processar grandes quantidades de dados e gerar conhecimentos accionáveis. A integração da aprendizagem automática nos processos existentes pode ajudar os projectos de construção a tornarem-se mais eficientes, mais seguros e mais rentáveis. Aqui está um plano de integração detalhado para a aprendizagem automática em projectos de construção.

1. Recolha de dados: O primeiro passo para integrar a aprendizagem automática nos projectos de construção é recolher os dados necessários para a análise. Estes incluem dados sobre as condições do local, a utilização do equipamento, a produtividade dos trabalhadores e os incidentes de segurança. Podem ser utilizados sensores, câmaras e outros dispositivos IoT para recolher dados em tempo real.

2. Preparação dos dados: Uma vez recolhidos os dados, estes devem ser limpos, estruturados e formatados para análise. Isto implica a remoção

de erros e inconsistências, a conversão dos dados num formato comum e a rotulagem dos pontos de dados relevantes.

3. Análise de dados: O passo seguinte consiste em utilizar algoritmos de aprendizagem automática para analisar os dados. Podem ser utilizadas técnicas de aprendizagem supervisionada, não supervisionada e de reforço para identificar padrões, correlações e anomalias nos dados. Isto pode implicar a formação de modelos em dados históricos e a sua utilização para fazer previsões sobre novos dados.

4. Tomada de decisões: Os conhecimentos gerados pelos algoritmos de aprendizagem automática podem ser utilizados para tomar melhores decisões em projectos de construção. Isto pode incluir a otimização da utilização de materiais, a programação da manutenção de equipamentos, a previsão da fadiga dos trabalhadores e a identificação de riscos de segurança.

5. Integração com os sistemas existentes: Os conhecimentos gerados pelos algoritmos de aprendizagem automática podem ser integrados nos sistemas de gestão da construção existentes para melhorar o desempenho. Isto pode implicar a criação de APIs ou conectores que possam transferir dados entre sistemas, automatizar fluxos de trabalho e criar painéis de controlo de fácil utilização que apresentem indicadores-chave de desempenho.

6. Melhoria contínua: Por último, os modelos de aprendizagem automática têm de ser continuamente actualizados e aperfeiçoados para melhorar o seu desempenho. Isto implica a recolha de feedback dos utilizadores, a monitorização dos indicadores de desempenho e a atualização dos modelos com novos dados.

Em conclusão, a integração da aprendizagem automática em projectos de construção pode proporcionar uma vantagem competitiva ao melhorar a eficiência, a segurança e a rentabilidade. Seguindo os passos acima descritos, as empresas de construção podem tirar partido da aprendizagem automática para atingir os seus objectivos.

6.4 CONSIDERAÇÕES ÉTICAS E PRIVACIDADE DOS DADOS

A aprendizagem automática é uma ferramenta poderosa que se tem tornado cada vez mais útil em projectos de construção. No entanto, como qualquer tecnologia, suscita considerações éticas e preocupações com a privacidade dos dados que devem ser consideradas antes da sua implementação.

Considerações éticas:

1. Equidade: Dado que os algoritmos de aprendizagem automática são treinados com base em dados históricos, existe o risco de perpetuar preconceitos que possam estar presentes nos dados. Isto pode levar a resultados injustos que afectam desproporcionadamente determinados grupos de pessoas. Por exemplo, se um algoritmo de aprendizagem automática for treinado com base em dados que historicamente têm sub-representado as mulheres no sector da construção, pode ser tendencioso contra elas. Para mitigar este risco, é importante garantir que os dados de formação são diversificados e representativos de todos os grupos que podem ser afectados pelos resultados do algoritmo.

2. Transparência: Os algoritmos de aprendizagem automática podem ser complexos e difíceis de compreender. É importante garantir que os resultados do algoritmo sejam transparentes e explicáveis, para que as partes interessadas possam compreender como é que o algoritmo chegou às suas conclusões. Isto é particularmente importante nos projectos de construção em que as partes interessadas têm de tomar decisões informadas com base nos resultados do algoritmo.

3. Privacidade: Os estaleiros de construção estão frequentemente localizados em espaços públicos e os algoritmos de aprendizagem automática podem ser utilizados para monitorizar e seguir indivíduos sem o seu conhecimento ou consentimento. É importante garantir que os dados recolhidos pelo algoritmo sejam anónimos e que os direitos de privacidade dos indivíduos sejam respeitados.

Privacidade de dados:

1. Minimização de dados: Recolher apenas a quantidade mínima de dados necessária para cumprir o objetivo do algoritmo. Limitar a recolha de dados pessoais que possam não ser necessários para o projeto de construção.

2. Segurança dos dados: É importante proteger o armazenamento de dados para evitar violações de dados e manter a confidencialidade dos dados sensíveis. Isto significa que todas as potenciais ameaças à segurança devem ser investigadas, incluindo a proteção do algoritmo contra ataques de hackers ou fugas acidentais de dados.

3. Consentimento: Devem ser consideradas políticas adequadas de tratamento de dados. Obter o consentimento explícito antes de recolher dados pessoais dos trabalhadores se o tratamento de dados for obrigatório.

4. Propriedade dos dados: No mundo da aprendizagem automática, a propriedade dos dados é fundamental. É essencial que a propriedade dos dados seja acordada por todas as partes interessadas envolvidas no projeto de construção, com acordos relevantes e documentos juridicamente vinculativos para garantir a proteção dos dados.

Em conclusão, a aprendizagem automática pode ter benefícios significativos nos projectos de construção. No entanto, é fundamental avaliar as considerações éticas e as preocupações com a privacidade dos dados antes da implementação, para evitar potenciais consequências negativas. As medidas acima mencionadas podem ser tomadas para garantir que a utilização da aprendizagem automática em projectos de construção é ética e respeita os direitos de privacidade dos indivíduos.

Capítulo - 7

ESTUDOS DE CASOS E EXEMPLOS

VISÃO GERAL

A aprendizagem automática tem sido amplamente utilizada em vários sectores para aumentar a produtividade e reduzir os custos. Do mesmo modo, a aprendizagem automática tem o potencial de revolucionar a indústria da construção, fornecendo análise de dados em grande escala, análise preditiva e otimização de processos. Eis alguns estudos de caso e exemplos da utilização da aprendizagem automática em projectos de construção.

1. Manutenção Preditiva: Uma empresa de construção chamada Skanska implementou a manutenção preditiva nos seus projectos de construção. O sistema utilizou algoritmos de aprendizagem automática para analisar os dados recolhidos dos sensores do equipamento e prever quando é que o equipamento precisa de manutenção. Isto ajudou a Skanska a monitorizar o seu equipamento e a evitar avarias dispendiosas.

2. Sistemas inteligentes de gestão de edifícios: Uma empresa chamada Johnson Controls criou um sistema inteligente de gestão de edifícios que utiliza algoritmos de aprendizagem automática para monitorizar os sistemas de um edifício. O sistema pode detetar anomalias nos sistemas HVAC (aquecimento, ventilação e ar condicionado), de iluminação e de segurança, e alertar a equipa de gestão das instalações antes que surja qualquer problema.

3. Segurança nos estaleiros de construção: Uma empresa start-up, a Guardhatis, utiliza a aprendizagem automática para garantir a segurança nos estaleiros de construção. A empresa desenvolveu capacetes inteligentes equipados com sensores e câmaras que monitorizam as condições de saúde e segurança dos trabalhadores no local de construção. O sistema utiliza estes dados para analisar o comportamento dos trabalhadores e prever potenciais perigos, reduzindo assim o número de acidentes no estaleiro.

4. Otimização automatizada da utilização das máquinas: Um fabricante de equipamento de construção, a Caterpillar, integrou a aprendizagem automática no seu equipamento para otimizar a sua utilização. Os algoritmos de aprendizagem automática analisam o desempenho do equipamento em diferentes condições e utilizam estes dados para otimizar o desempenho do equipamento em diferentes aplicações, melhorando assim a eficiência e reduzindo os custos.

5. Previsão da resistência do betão: Uma equipa de investigação da Universidade do Michigan desenvolveu um algoritmo de aprendizagem automática que prevê a resistência à compressão do betão. Esta análise preditiva ajuda as equipas de construção a estimar quando é que o betão estará pronto a ser utilizado, o que pode poupar tempo nos prazos de construção.

Em conclusão, a aprendizagem automática tem o potencial de transformar a indústria da construção, fornecendo análise de dados em tempo real, análise preditiva e otimização de processos. Estes estudos de caso e exemplos mostram como a aprendizagem automática pode ser implementada no sector da construção para melhorar a segurança, a eficiência e reduzir os custos.

7.1 MANUTENÇÃO PREDITIVA NAS INFRA-ESTRUTURAS

A manutenção preditiva está atualmente a ser utilizada em várias indústrias para otimizar as operações, aumentar o tempo de funcionamento e evitar períodos de inatividade não planeados. Os projectos de infra-estruturas e de construção também beneficiam da manutenção preditiva, em que activos como maquinaria pesada, sistemas AVAC e infra-estruturas eléctricas necessitam de manutenção regular para garantir que funcionam com a máxima eficiência. Este estudo de caso centra-se num projeto de infra-estruturas em que a manutenção preditiva foi implementada para aumentar o tempo de funcionamento e evitar avarias.

Antecedentes:

O projeto de infra-estruturas envolveu a construção de um novo edifício comercial de 40 andares numa grande cidade metropolitana. O projeto incluiu a instalação de maquinaria pesada, como gruas, escavadoras e bulldozers, bem como sistemas AVAC, canalizações e infra-estruturas eléctricas. Além disso, o edifício exigiu a instalação de elevadores e sistemas de segurança.

Desafios:

O maior desafio enfrentado durante o projeto de construção foi a gestão da maquinaria pesada utilizada para a escavação e construção. Estas máquinas necessitavam de manutenção regular para garantir que funcionavam com a máxima eficiência. Se funcionassem mal ou se avariassem, isso causaria um atraso no calendário do projeto e afectaria a produtividade. Outro desafio foi a instalação e manutenção da infraestrutura de AVAC e eléctrica, que é fundamental para o conforto e a segurança dos ocupantes do edifício.

Solução:

Para responder a estes desafios, a equipa de projeto implementou uma solução de manutenção preditiva. A manutenção preditiva monitoriza o estado e o desempenho dos activos e utiliza a análise de dados e algoritmos de aprendizagem automática para prever quando é necessária a manutenção. Esta abordagem elimina a manutenção não programada ou reactiva, que pode ser dispendiosa e demorada.

A equipa do projeto instalou sensores em todos os activos críticos, incluindo a maquinaria pesada, os sistemas AVAC e a infraestrutura eléctrica. Estes sensores monitorizaram vários parâmetros, como a temperatura, a vibração e a corrente. Os dados recolhidos pelos sensores foram analisados em tempo real utilizando algoritmos de aprendizagem automática para identificar anomalias e prever quando era necessária manutenção.

Quando o software de manutenção preditiva detectava um problema potencial, alertava a equipa de manutenção, que agendava então uma verificação de manutenção. Esta abordagem permitiu à equipa de manutenção programar verificações de manutenção durante períodos não críticos, assegurando que os activos estivessem sempre em condições óptimas e reduzindo o risco de qualquer tempo de inatividade inesperado.

Resultados:

A implementação da manutenção preditiva teve vários benefícios para o projeto de infra-estruturas. A equipa de manutenção conseguiu detetar problemas antes de estes se tornarem um problema, evitando paragens inesperadas e poupando tempo e dinheiro. O calendário do projeto manteve-se no bom caminho, sem atrasos significativos causados por avarias nos activos.

Além disso, a manutenção preditiva ajudou a melhorar a longevidade dos activos, garantindo que estes eram mantidos a um nível elevado, reduzindo a necessidade de potenciais substituições. Ao reduzir a necessidade de substituição de activos, a equipa do projeto poupou dinheiro em despesas de capital e contribuiu para um projeto globalmente mais sustentável.

Conclusão:

Este estudo de caso destaca a importância da manutenção preditiva em projectos de infra-estruturas e construção. Ao implementar a manutenção preditiva, a equipa do projeto conseguiu manter os activos a um nível elevado, garantindo uma eficiência óptima e evitando tempos de inatividade. A solução também ajudou a melhorar a longevidade dos activos, contribuindo para um projeto globalmente mais sustentável. Por conseguinte, a manutenção preditiva deve ser considerada como uma ferramenta valiosa para qualquer infraestrutura ou projeto de construção, para aumentar a eficiência, evitar a falha de activos e, em última análise, poupar dinheiro.

7.2 CONTROLO DA QUALIDADE NA CONSTRUÇÃO DE EDIFÍCIOS

O controlo de qualidade é um aspeto importante da construção de edifícios, uma vez que garante que a estrutura cumpre as normas e especificações exigidas pelo cliente e pelas autoridades reguladoras. Neste estudo de caso, discutiremos a forma como o controlo de qualidade foi implementado na construção de edifícios, os desafios enfrentados e as soluções implementadas para garantir a conclusão bem sucedida do projeto.

Descrição geral do projeto

O Pinnacle Towers é um edifício de 50 andares situado no coração da cidade, com uma área total de 150 000 metros quadrados. O edifício tinha uma utilização mista de escritórios, apartamentos residenciais e espaços comerciais. O objetivo do cliente era construir um edifício com características arquitectónicas modernas e que fosse energeticamente eficiente, durável e seguro para os ocupantes.

Estratégias de controlo de qualidade

A equipa de controlo de qualidade do empreiteiro desenvolveu um plano de controlo de qualidade que incluía procedimentos de monitorização, inspeção e teste para garantir que a construção cumpria as especificações e normas do projeto. Algumas das estratégias implementadas incluíram:

1) Ensaios de betão - O betão era um componente crítico da estrutura do edifício e a sua qualidade foi testada através da realização de ensaios de abatimento para garantir que tinha a consistência e a resistência correctas. Foram também recolhidas amostras do betão para verificar a sua resistência e qualidade.

2) Testes de materiais - Outros materiais utilizados na construção, como tijolos, aço e materiais de cobertura, foram testados quanto à sua qualidade e durabilidade para garantir que cumpriam as normas exigidas.

3) Inspeção do local - A equipa de controlo de qualidade realizou inspecções regulares ao local para garantir que a construção cumpria os regulamentos de conceção e segurança. Também monitorizou a mão de obra do empreiteiro, incluindo a instalação de sistemas eléctricos, de canalização e mecânicos.

4) Auditoria de qualidade - Foram realizadas auditorias de qualidade regulares para analisar a qualidade do projeto e resolver quaisquer não-conformidades identificadas no processo de construção.

Desafios enfrentados

Apesar da implementação do plano de controlo de qualidade, o projeto enfrentou alguns desafios que afectaram a qualidade do projeto. Estes desafios incluíam:

1) Disponibilidade de mão de obra - A indústria da construção na cidade tinha uma elevada procura de mão de obra qualificada, o que resultou numa escassez, levando a que trabalhadores não qualificados preenchessem a lacuna. Este desafio afectou a qualidade da mão de obra, levando a não-conformidades e a retrabalho.

2) Restrições orçamentais - O cliente tinha um orçamento definido para o projeto e o empreiteiro tinha de trabalhar dentro desse orçamento. Este constrangimento afectou a compra de materiais de qualidade, o que levou à utilização de materiais de qualidade inferior, afectando a qualidade do edifício.

Soluções implementadas

Para enfrentar os desafios de qualidade, a equipa de controlo de qualidade implementou as seguintes soluções para garantir o sucesso do projeto:

1) Formação e transferência de competências - O empreiteiro proporcionou formação aos trabalhadores não qualificados, o que implicou a transferência de competências dos trabalhadores qualificados. Esta solução melhorou a qualidade da mão de obra, reduzindo as não-conformidades e o retrabalho.

2) Avaliação dos fornecedores - O empreiteiro avaliou e seleccionou os fornecedores de materiais de construção com base na qualidade e na acessibilidade dos preços. Esta solução assegurou a aquisição de materiais de qualidade, reduzindo o impacto das restrições orçamentais na qualidade.

3) Melhoria contínua - A equipa de controlo de qualidade implementou medidas de melhoria contínua, incluindo a revisão do desempenho do projeto, a identificação de áreas de melhoria e a implementação de acções correctivas.

Conclusão

A implementação do controlo de qualidade na construção de edifícios é essencial para garantir que o projeto cumpre as normas e especificações exigidas. Ajuda a identificar e a resolver as não conformidades, reduzindo o impacto na qualidade e no custo do projeto. O projeto Pinnacle Towers implementou com sucesso estratégias de controlo de qualidade, identificou e abordou desafios de qualidade, resultando num edifício durável, seguro, energeticamente eficiente e moderno.

7.3 ESTIMATIVA DE CUSTOS NA CONSTRUÇÃO DE ESTRADAS

A estimativa de custos na construção de estradas é crucial, pois permite ao planeador determinar um orçamento para o projeto e atribuir recursos de forma eficiente. Um estudo de caso pormenorizado sobre a estimativa de custos na construção de estradas permite conhecer os passos dados para chegar ao custo estimado.

Os projectos de construção de estradas envolvem várias actividades, como a preparação do local, a escavação, a compactação e a repavimentação. O processo de estimativa de custos para um projeto de construção de estradas exige que o planeador determine o âmbito do trabalho e tenha em conta os recursos necessários para concluir o projeto.

Passo 1: Determinação do âmbito do projeto

Antes de iniciar o processo de estimativa de custos, é essencial determinar o âmbito do projeto. Isto implica delinear as dimensões, o comprimento, a largura e a profundidade da estrada, bem como identificar os tipos de materiais necessários para a construção. O projetista também precisa de ter em conta as infra-estruturas existentes, como pontes e bueiros, que podem necessitar de reparação ou substituição.

Etapa 2: Cálculo da quantidade de material

Uma vez determinado o âmbito do projeto, o passo seguinte é calcular as quantidades de materiais necessários para a construção. Os materiais necessários para a construção de estradas incluem agregados, cimento, asfalto, aço e betão. O projetista deve calcular as quantidades de cada material com base nas dimensões e na profundidade da estrada.

Etapa 3: Estimativa do custo da mão de obra e do equipamento

O passo seguinte é estimar o custo da mão de obra e do equipamento necessários para o projeto. O planeador tem de calcular o número de trabalhadores necessários, os seus salários e o tempo necessário para concluir o projeto. Também é necessário ter em conta o custo do equipamento, como bulldozers, escavadoras e niveladoras, bem como os custos de combustível e manutenção.

Etapa 4: Estimativa dos custos indiretos

Os custos gerais incluem custos administrativos e de gestão, seguros, licenças e honorários legais, entre outros. O planeador deve ter em conta estes custos gerais e adicioná-los à estimativa de custos do projeto.

Etapa 5: Plano de contingência

O planeador deve ter em conta as despesas imprevistas do projeto e incluí-las na estimativa de custos. Estas despesas podem incluir atrasos, derrapagens orçamentais e avarias de equipamento. Um plano de emergência garante que o projeto se mantém no caminho certo e evita atrasos desnecessários.

Passo 6: Finalizar a estimativa de custos

Finalmente, o planeador precisa de rever e finalizar a estimativa de custos para o projeto de construção de estradas. A estimativa de custos deve ser abrangente e incluir todos os recursos necessários para o projeto, bem como um plano de contingência adequado.

Em conclusão, a estimativa de custos na construção de estradas é fundamental para a conclusão bem sucedida do projeto. Envolve a determinação do âmbito do projeto, o cálculo das quantidades de materiais, a estimativa dos custos da mão de obra e do equipamento, a contabilização dos custos gerais, o desenvolvimento de um plano de contingência e a finalização da estimativa de custos. Uma estimativa de custos abrangente garante que o projeto atribui recursos de forma eficiente e reduz a probabilidade de derrapagens orçamentais e atrasos.

7.4 OPTIMIZAÇÃO DO CALENDÁRIO EM PROJECTOS DE GASODUTOS

Os projectos de construção de condutas são complexos e requerem um planeamento e programação cuidadosos para garantir uma entrega atempada e uma conclusão bem sucedida. Com projectos que se estendem por longas distâncias, envolvendo vários fornecedores e com várias fases de construção, a otimização dos calendários é fundamental para garantir que os empreiteiros e as partes interessadas atinjam os seus objectivos. Este estudo de caso examinará o processo de otimização do calendário em projectos de gasodutos, com destaque para os desafios enfrentados, as soluções adoptadas e os resultados alcançados.

Visão geral do projeto:

O projeto de construção do gasoduto em estudo envolveu a instalação de um gasoduto de gás natural em vários locais, totalizando 500 milhas. O projeto foi uma colaboração entre vários fornecedores, incluindo a empresa de gás, empresas de construção e fornecedores de materiais. O projeto de gasoduto incluía várias tarefas críticas para a construção do gasoduto, incluindo a aquisição de terrenos, a colocação de tubos, a escavação, a soldadura, a inspeção, os testes e a restauração dos terrenos. O projeto tinha um calendário apertado, com a exigência de o concluir no prazo de dois anos para cumprir as obrigações contratuais.

Desafios enfrentados:

Os desafios enfrentados no projeto envolveram uma calendarização complexa, incerteza e gestão de riscos. O projeto tinha um elevado grau de incerteza, uma vez que estava sujeito a numerosos factores externos, incluindo condições meteorológicas, autorizações de terrenos, disponibilidade de equipamento e controlo de qualidade. O calendário apertado aumentou a pressão sobre o processo de calendarização e qualquer atraso ou alteração poderia levar a derrapagens de custos, incumprimento de prazos e potencial quebra de contratos. Outros desafios incluíam a coordenação entre vários fornecedores, a garantia do controlo de qualidade na instalação dos tubos e a otimização da mão de obra necessária.

Soluções adoptadas:

Para fazer face aos desafios enfrentados, a equipa do projeto desenvolveu um plano abrangente para a otimização do calendário. O primeiro passo foi analisar os riscos e determinar um calendário de base. Utilizando dados históricos e a avaliação de especialistas, a equipa criou um calendário inicial, que tinha em conta as dependências, os recursos e as etapas. O calendário baseava-se num método de caminho crítico, que assegurava que qualquer atraso em actividades específicas teria um impacto direto no tempo de conclusão. A equipa do projeto identificou e abordou os riscos, desenvolveu planos de contingência e atenuou potenciais problemas para garantir uma construção sem problemas.

Outro desafio significativo foi a otimização da força de trabalho. O projeto dependia de uma vasta força de trabalho e equipamento, o que dificultava a atribuição eficiente dos recursos. A equipa implementou uma ferramenta de programação automatizada para otimizar a utilização de todos os recursos, incluindo pessoal, material e equipamento. O algoritmo do software analisou os dados para sugerir a futura afetação de recursos de modo a conseguir um atraso mínimo.

Resultados alcançados:

Os processos de otimização implementados melhoraram os resultados do projeto através da racionalização do fluxo de trabalho, da monitorização do risco e da utilização eficiente dos recursos. Ao aplicar estas medidas, a equipa do projeto pôde identificar dependências e reequacionar actividades que ajudaram a adequar o calendário ao seu progresso atual. Além disso, o processo de otimização reduziu o tempo necessário para concluir o projeto, o que cumpriu a obrigação contratual. A equipa do projeto pôde atribuir recursos de forma eficiente, reduzindo o risco de atribuição de recursos ociosos. No geral, a equipa do projeto conseguiu uma construção bem sucedida da conduta, cumprindo os prazos e entregando uma conduta de alta qualidade.

Conclusão:

Em conclusão, a otimização de calendários para projectos de construção de condutas requer uma abordagem simplificada que responda aos desafios únicos associados a estes projectos. A capacidade da equipa do projeto para utilizar as melhores práticas e tecnologia na gestão de projectos resultou numa entrega bem sucedida de construção de condutas. Este estudo de caso realça a importância do método do caminho crítico, das ferramentas de programação automatizadas e das estratégias de gestão do risco que podem melhorar a entrega de projectos de oleodutos, reduzir os custos e assegurar o controlo da qualidade.

Capítulo - 8

TENDÊNCIAS E DESAFIOS FUTUROS NA APRENDIZAGEM AUTOMÁTICA PARA PROJECTOS DE CONSTRUÇÃO

VISÃO GERAL

A aprendizagem automática tem o potencial de revolucionar o sector da construção, permitindo a automatização, a otimização e a inovação. No entanto, a implementação e utilização de algoritmos de aprendizagem automática em projectos de construção também apresenta vários desafios que têm de ser resolvidos.

Uma das principais tendências na aprendizagem automática para a construção é a utilização de análises preditivas. Ao analisar dados de construção anteriores, os algoritmos de aprendizagem automática podem fazer previsões sobre resultados futuros, como prazos de projectos, custos de mão de obra e utilização de recursos. Isto permite que os gestores de projectos tomem decisões mais bem informadas e optimizem os seus projectos de construção para uma melhor eficiência e rentabilidade.

Outra tendência é a utilização de drones e outros veículos autónomos na construção, que geram grandes quantidades de dados que podem ser processados utilizando algoritmos de aprendizagem automática. Estes dados podem ser utilizados para identificar padrões e conhecimentos que podem ajudar a melhorar o processo de construção, como a identificação de áreas onde os riscos de segurança são maiores ou a otimização do planeamento de rotas para os veículos de construção.

A aprendizagem automática também está a ser utilizada para melhorar o controlo de qualidade na construção. Ao analisar imagens e vídeos de estaleiros de construção, os algoritmos podem identificar defeitos e outros problemas que precisam de ser resolvidos. Isto pode ajudar a reduzir o retrabalho e melhorar a qualidade geral do projeto de construção.

No entanto, existem também vários desafios associados à utilização da aprendizagem automática na construção. Um dos principais desafios é a qualidade e a consistência dos dados, que podem variar consoante o tipo de projeto e a informação disponível. Além disso, os dados de construção são frequentemente fragmentados e distribuídos por diferentes sistemas, o que pode dificultar a sua integração e utilização eficaz.

Outro desafio é a necessidade de treinar e retreinar os algoritmos de aprendizagem automática ao longo do tempo, à medida que os dados de construção se alteram e surgem novas tendências. Isto requer uma grande quantidade de poder computacional e conhecimentos especializados, o que pode ser um obstáculo à adoção por parte das empresas de construção mais pequenas.

Por último, existe o risco de os algoritmos de aprendizagem automática poderem reforçar os preconceitos e as desigualdades existentes no sector da construção. Por exemplo, se os algoritmos forem treinados utilizando dados de trabalhadores da construção predominantemente homens ou brancos, podem não ser tão eficazes na previsão de resultados para equipas de construção mais diversificadas.

De um modo geral, a aprendizagem automática tem potencial para ser um fator de mudança no sector da construção. No entanto, para tirar o máximo partido das suas vantagens, as empresas de construção terão de enfrentar os desafios associados à qualidade dos dados, à formação de algoritmos e ao enviesamento, e investir nos conhecimentos especializados e nos recursos computacionais necessários.

8.1 AVANÇOS NOS ALGORITMOS E TÉCNICAS DE APRENDIZAGEM AUTOMÁTICA

A aprendizagem automática tem demonstrado um potencial significativo para o sector da construção, proporcionando novas oportunidades para as empresas melhorarem a tomada de decisões, melhorarem a produtividade e reduzirem os custos. Seguem-se alguns avanços nos algoritmos e técnicas de aprendizagem automática em pormenor de projectos de construção:

1. Análise preditiva: Esta técnica envolve a utilização de aprendizagem automática para criar modelos preditivos que prevejam potenciais riscos, custos e resultados para projectos de construção. Os modelos preditivos são desenvolvidos com base em dados anteriores de projectos semelhantes e podem ajudar as empresas a tomar decisões informadas durante o planeamento e a execução do projeto.

2. Processamento de linguagem natural (PNL): A PNL é uma técnica de aprendizagem automática que ajuda as máquinas a compreender e interpretar a linguagem humana. Na construção, a PNL pode ser utilizada para extrair informações de contratos, documentos de projectos e e-mails, facilitando uma melhor comunicação entre os membros da equipa e uma identificação mais rápida de potenciais problemas.

3. Visão por computador: A visão por computador é uma técnica de aprendizagem automática que permite às máquinas interpretar e analisar dados visuais. Na construção, pode ser utilizada para melhorar a segurança, identificando e assinalando potenciais perigos nos estaleiros.

4. Robôs autónomos: Os robôs autónomos equipados com algoritmos de aprendizagem automática podem ser utilizados para tarefas como a inspeção de locais, a entrega de materiais e a manutenção de equipamentos. Podem trabalhar 24 horas por dia, eliminando a necessidade de intervenção humana e reduzindo o risco de acidentes.

5. Gémeos digitais: Um gémeo digital é uma réplica virtual de um ativo físico. Na construção, podem ser criados gémeos digitais para edifícios, pontes e outras estruturas. Os algoritmos de aprendizagem automática podem ser utilizados para analisar os dados recolhidos a partir destes gémeos digitais, fornecendo informações sobre o desempenho, as necessidades de manutenção e os riscos de segurança.

6. Algoritmos de otimização: Os algoritmos de otimização utilizam a aprendizagem automática para encontrar a forma mais eficiente de atribuir recursos, programar tarefas e gerir fluxos de trabalho. Podem ajudar as empresas de construção a otimizar os prazos dos seus projectos, reduzir os custos e melhorar a produtividade geral.

Em conclusão, a aprendizagem automática está a proporcionar oportunidades sem precedentes ao sector da construção para melhorar a tomada de decisões, reduzir os custos e aumentar a produtividade. À medida que a tecnologia avança, podemos esperar que a aprendizagem automática se torne cada vez mais predominante nos projectos de construção.

8.2 INTEGRAÇÃO COM A INTERNET DAS COISAS (IOT) E SENSORES

A integração da Internet das Coisas (IoT) e de sensores em projectos de construção está a tornar-se rapidamente uma tecnologia revolucionária para a indústria da construção. Ao combinar a IoT e os sensores, as empresas de construção podem otimizar os seus processos, melhorar a segurança e reduzir os custos.

A IoT é uma rede de dispositivos ligados à Internet, incluindo sensores e outros dispositivos, que podem comunicar e partilhar dados entre si. Os sensores são dispositivos que podem detetar e medir fenómenos físicos como a temperatura, a humidade, a pressão e as vibrações, entre outros.

Nos projectos de construção, a IoT e os sensores podem proporcionar vários benefícios, tais como:

1. Segurança melhorada: A IoT e os sensores podem ajudar os trabalhadores da construção a manterem-se seguros, monitorizando condições perigosas como a temperatura, a humidade, a qualidade do ar e os níveis de ruído. Esta informação pode alertar os trabalhadores para potenciais perigos e ajudar a evitar acidentes.

2. Monitorização em tempo real: A IoT e os sensores podem fornecer dados em tempo real sobre o progresso dos projectos de construção. Esta informação pode ajudar os gestores de projectos a identificar potenciais atrasos, otimizar os calendários de construção e tomar decisões baseadas em dados.

3. Controlo de qualidade: A IdC e os sensores podem melhorar o controlo da qualidade, monitorizando a qualidade dos materiais de construção, como o betão, o aço e a madeira. Podem detetar defeitos e garantir que os materiais de construção cumprem as normas exigidas.

4. Eficiência energética: A IoT e os sensores podem ajudar os projectos de construção a tornarem-se mais eficientes do ponto de vista energético, monitorizando a utilização de energia e identificando áreas onde esta pode ser poupada.

5. Gestão de activos: A IoT e os sensores podem ajudar as empresas de construção a acompanhar e gerir os seus equipamentos e activos. Podem

monitorizar a utilização do equipamento, identificar necessidades de manutenção e otimizar a utilização do equipamento.

Para integrar a IoT e os sensores nos projectos de construção, é necessário seguir os passos seguintes:

1. Definir o âmbito: Definir o âmbito do projeto, incluindo as áreas específicas onde a IoT e os sensores serão implantados.

2. Identificar os sensores: Identificar os sensores que serão necessários para o projeto com base no âmbito do projeto e nos dados que precisam de ser recolhidos.

3. Escolher a plataforma IoT: Escolha uma plataforma IoT que satisfaça os requisitos do projeto, incluindo a recolha, o armazenamento e a análise de dados.

4. Integrar os sensores: Integrar os sensores no projeto de construção, incluindo a instalação física e a configuração dos sensores.

5. Recolha e análise de dados: Recolher e analisar os dados recolhidos pelos sensores para obter informações sobre o progresso do projeto de construção.

6. Tomar medidas: Utilizar as informações obtidas a partir dos dados para tomar medidas, tais como otimizar os calendários de construção, melhorar as condições de segurança e reduzir os custos.

Em conclusão, a integração da IoT e de sensores em projectos de construção apresenta vários benefícios, incluindo maior segurança, monitorização em tempo real, controlo de qualidade, eficiência energética e gestão de activos. Para integrar a IoT e os sensores nos projectos de construção, os gestores de projectos têm de definir o âmbito do projeto, identificar os sensores necessários, escolher uma plataforma IoT, integrar os sensores, recolher e analisar dados e tomar medidas com base nos conhecimentos obtidos a partir dos dados.

8.3 ÉTICA E UTILIZAÇÃO RESPONSÁVEL DA APRENDIZAGEM AUTOMÁTICA

A utilização da aprendizagem automática em projectos de construção tem-se tornado cada vez mais popular nos últimos anos. Trata-se de uma ferramenta útil para análise, previsão, automatização e otimização. No entanto, existem preocupações sobre a utilização ética e responsável da aprendizagem automática em projectos de construção. As secções seguintes debatem estas preocupações e apresentam sugestões para as resolver.

1. Privacidade e segurança dos dados

Uma das principais preocupações éticas da aprendizagem automática em projectos de construção é a privacidade e a segurança dos dados. Os projectos de construção envolvem muitas informações sensíveis e pessoais, tais como dados financeiros, planos de construção e informações de identificação pessoal dos trabalhadores. Estes dados devem ser protegidos contra o acesso e a utilização não autorizados.

Para responder a esta preocupação, as empresas de construção devem implementar medidas rigorosas de privacidade e segurança dos dados. Devem seguir as normas do sector, como o Regulamento Geral sobre a Proteção de Dados (RGPD) e a Lei da Privacidade do Consumidor da Califórnia (CCPA). Devem recolher apenas os dados necessários para o projeto e utilizar protocolos de armazenamento e transmissão seguros. Além disso, devem garantir que apenas o pessoal autorizado tem acesso a dados sensíveis.

2. Preconceitos e discriminação

Outra preocupação ética da aprendizagem automática em projectos de construção é o preconceito e a discriminação. Os algoritmos de aprendizagem automática são tão bons como os dados com que são treinados. Se os dados forem tendenciosos ou discriminatórios, o mesmo se reflectirá no resultado do algoritmo. Isto pode resultar num tratamento injusto dos trabalhadores e em previsões incorrectas.

Para responder a esta preocupação, as empresas de construção devem garantir que os dados que utilizam para a aprendizagem automática são imparciais. Devem auditar os seus dados para identificar quaisquer enviesamentos e corrigi-los antes de utilizarem os dados para a aprendizagem automática. Além disso, devem rever regularmente os resultados dos algoritmos de aprendizagem automática para garantir que são justos e imparciais.

3. Envolvimento humano

Embora a aprendizagem automática possa automatizar muitas tarefas em projectos de construção, não deve substituir totalmente a tomada de decisões humana. Há algumas tarefas que requerem o julgamento humano, como a resolução de problemas complexos e a tomada de decisões éticas. A confiança excessiva na aprendizagem automática pode ter consequências indesejadas.

Para responder a esta preocupação, as empresas de construção devem assegurar que os seres humanos tenham um papel na tomada de decisões. Devem envolver os trabalhadores e outras partes interessadas no processo de tomada de decisões e dar formação sobre a tomada de decisões éticas.

4. Transparência

A transparência é outra preocupação ética da aprendizagem automática em projectos de construção. Os algoritmos de aprendizagem automática podem ser opacos, dificultando a compreensão da forma como tomam decisões. Isto pode resultar num tratamento injusto dos trabalhadores e em impactos negativos no ambiente.

Para responder a esta preocupação, as empresas de construção devem garantir que os algoritmos de aprendizagem automática que utilizam são transparentes. Devem fornecer explicações sobre a forma como os algoritmos tomam decisões e permitir que os trabalhadores e outras partes interessadas questionem as suas decisões. Além disso, devem estar abertas ao feedback e às críticas.

Em conclusão, a utilização ética e responsável da aprendizagem automática em projectos de construção requer uma abordagem abrangente. As empresas de construção devem implementar medidas rigorosas de privacidade e segurança dos dados, abordar a parcialidade e a discriminação, envolver os seres humanos na tomada de decisões e garantir a transparência. Ao fazê-lo, podem colher os benefícios da aprendizagem automática, minimizando os seus impactos negativos.

8.4 DESAFIOS EM TERMOS DE DISPONIBILIDADE E QUALIDADE DOS DADOS

A disponibilidade e a qualidade dos dados são aspectos cruciais dos projectos de construção. Uma gestão eficiente dos dados ajuda a garantir a conclusão bem sucedida dos projectos de construção dentro do orçamento, do calendário e dos requisitos de qualidade. No entanto, os projectos de construção apresentam vários desafios em termos de disponibilidade e qualidade dos dados, incluindo

1. Dados incompletos: Em muitos projectos de construção, os dados recolhidos são frequentemente incompletos. Os projectos de construção são complexos, envolvem múltiplas partes interessadas e geram enormes quantidades de dados. Estes dados podem estar fragmentados e dispersos por diferentes fontes. A falta de dados completos dificulta a obtenção de informações exactas para a tomada de decisões.

2. Inconsistência nos dados: A inconsistência dos dados é outro desafio significativo nos projectos de construção. Os projectos de construção requerem frequentemente dados de várias fontes e a inconsistência dos dados pode levar a interpretações erradas e a um risco acrescido.

3. Falta de normalização: O sector da construção carece de normalização na gestão de dados. A falta de normalização dificulta a comparação de dados de diferentes fontes e locais. Isto leva a uma má tomada de decisões, a atrasos e a um aumento dos custos.

4. Silos de dados: Os projectos de construção envolvem várias partes interessadas e cada uma delas tem os seus silos de dados. Estes silos de dados conduzem a uma falta de colaboração e coordenação entre as partes interessadas. Isto, por sua vez, leva a ineficiências no processo de construção.

5. Segurança dos dados: Os projectos de construção envolvem a troca de dados altamente sensíveis, como informações financeiras, documentos de conceção e calendários de projectos. A segurança destes dados é uma preocupação crucial, e a utilização de medidas de segurança desactualizadas ou inadequadas pode conduzir a violações de dados.

6. Integridade dos dados: A exatidão e a coerência dos dados são essenciais para os projectos de construção. No entanto, a utilização de processos manuais e baseados em papel torna difícil manter a integridade dos dados.

7. Escalabilidade: Os projectos de construção estão a tornar-se mais complexos e a quantidade de dados gerados está a aumentar exponencialmente. À medida que o volume de dados cresce, os processos tradicionais de gestão de dados tornam-se inadequados, o que dificulta a sua expansão.

Em conclusão, o sector da construção enfrenta vários desafios em termos de disponibilidade e qualidade dos dados. A resposta a estes desafios exige a adoção de novas tecnologias, tais como sistemas de gestão de dados baseados na nuvem, normalização e colaboração entre as partes interessadas. Ao enfrentar estes desafios, a indústria da construção pode tirar partido dos dados para melhorar os resultados dos projectos e aumentar a eficiência.

Capítulo - 9

CONCLUSÃO

VISÃO GERAL

O domínio da aprendizagem automática demonstrou um potencial significativo para transformar o sector da construção. Ao tirar partido do poder da inteligência artificial, os algoritmos de aprendizagem automática podem facilitar decisões de projeto mais inteligentes, aumentar a produtividade, melhorar a segurança e reduzir os custos.

Neste estudo, analisámos várias aplicações da aprendizagem automática no sector da construção, incluindo a análise preditiva, a gestão automatizada de equipamentos e a monitorização inteligente do local. Descobrimos que estas tecnologias avançadas podem ser utilizadas para melhorar vários aspectos das operações de construção, desde o planeamento e calendarização de projectos até à gestão de riscos e ao controlo de qualidade.

Em particular, identificámos quatro grandes benefícios da aprendizagem automática para projectos de construção:

1. Melhoria da eficiência: Os algoritmos de aprendizagem automática podem analisar grandes conjuntos de dados para identificar padrões e fazer previsões, permitindo que os gestores de projectos optimizem a atribuição de recursos e simplifiquem os processos. Isto pode resultar em tempos de conclusão de projectos mais rápidos e custos mais baixos.

2. Maior segurança: Ao monitorizar os locais de trabalho e o equipamento em tempo real, os algoritmos de aprendizagem automática podem detetar potenciais perigos e alertar os trabalhadores ou supervisores para que tomem medidas preventivas. Isto pode, em última análise, aumentar a segurança dos trabalhadores e evitar acidentes.

3. Melhor tomada de decisões: Os algoritmos de aprendizagem automática podem fornecer informações e recomendações valiosas aos gestores de projectos, ajudando-os a tomar decisões informadas, baseadas em dados e análises e não na intuição.

4. Maior precisão: Os algoritmos de aprendizagem automática podem detetar erros ou anomalias nos planos e modelos de construção, ajudando a garantir que os projectos são construídos de acordo com os mais elevados padrões de qualidade.

Em termos gerais, concluímos que a aprendizagem automática tem o potencial de revolucionar o sector da construção, melhorando a eficiência, a segurança, a tomada de decisões e a precisão. No entanto, a sua adoção requer um investimento significativo em tecnologia e talento, bem como uma vontade de adotar novas formas de trabalho. Com a infraestrutura certa, as empresas de construção podem aproveitar o poder da aprendizagem automática para transformar a forma como constroem e mantêm as estruturas.

9.1 RESUMO DOS PONTOS PRINCIPAIS

A aprendizagem automática tem sido cada vez mais aplicada na indústria da construção para otimizar a eficiência, a qualidade e a segurança dos projectos. Alguns dos pontos-chave da aprendizagem automática para projectos de construção incluem o seguinte:

1. Modelação preditiva: A aprendizagem automática pode ser utilizada para desenvolver modelos preditivos que podem prever os resultados do projeto e identificar potenciais riscos e oportunidades. Ao analisar grandes conjuntos de dados e informações históricas de projectos, os algoritmos de aprendizagem automática podem desenvolver previsões precisas dos prazos, custos e qualidade dos projectos.

2. Controlo de qualidade e deteção de defeitos: Os algoritmos de aprendizagem automática podem ser treinados para identificar defeitos em projectos de construção, tais como fissuras, fugas e problemas estruturais. Ao analisar imagens, dados de sensores e outras formas de entrada, os algoritmos de aprendizagem automática podem detetar anomalias e alertar os trabalhadores da construção para potenciais riscos de segurança ou problemas de qualidade.

3. Otimização de recursos: A aprendizagem automática pode ajudar a otimizar a atribuição de recursos, desde mão de obra e equipamento a materiais de construção e utilização de energia. Ao analisar os dados do projeto e otimizar os fluxos de trabalho, os algoritmos de aprendizagem automática podem reduzir o desperdício e melhorar a relação custo-eficácia.

4. Monitorização em tempo real: A aprendizagem automática pode apoiar a monitorização em tempo real dos projectos de construção, permitindo a obtenção de feedback em tempo real e a realização de ajustamentos durante o processo de construção. Isto pode ajudar a reduzir erros e atrasos e melhorar a eficiência global do projeto.

5. Melhoria da segurança: A aprendizagem automática pode ser utilizada para identificar potenciais riscos de segurança em projectos de construção, tais como comportamentos inseguros ou utilização de equipamento. Ao analisar grandes conjuntos de dados e monitorizar o comportamento dos

trabalhadores, os algoritmos de aprendizagem automática podem identificar potenciais problemas de segurança e ajudar a prevenir acidentes.

De um modo geral, a aprendizagem automática tem o potencial de transformar a indústria da construção, melhorando a eficiência, a qualidade e a segurança dos projectos. À medida que a tecnologia continua a evoluir, é provável que a indústria da construção assista a uma adoção mais generalizada da aprendizagem automática nos próximos anos.

9.2 PERSPECTIVAS FUTURAS DA APRENDIZAGEM AUTOMÁTICA EM PROJECTOS DE CONSTRUÇÃO

À medida que a aprendizagem automática (ML) continua a avançar e a evoluir, está a ser cada vez mais adoptada pela indústria da construção para vários fins. Desde o planeamento detalhado de projectos até à monitorização em tempo real dos locais de construção, a aprendizagem automática tem o potencial de transformar a forma como os projectos de construção são executados.

Uma das principais vantagens da aprendizagem automática na construção é a sua capacidade de analisar e processar grandes quantidades de dados em tempo real. Com sensores e câmaras instalados nos locais de construção, podem ser recolhidos dados sobre tudo, desde as taxas de utilização de materiais à produtividade dos trabalhadores. Estes dados podem depois ser analisados por algoritmos de aprendizagem automática para identificar padrões, fazer previsões e gerar conhecimentos que podem ajudar a melhorar a eficiência do projeto e a reduzir os custos.

Outra vantagem fundamental do ML na construção é a sua capacidade de ajudar no planeamento e conceção de projectos. Com algoritmos de ML que podem analisar dados de projectos de construção anteriores, os designers e planeadores podem obter informações valiosas sobre o que funcionou no passado e o que precisa de ser melhorado. Isto pode ajudá-los a criar projectos mais eficazes, a reduzir os riscos do projeto e a otimizar materiais e recursos.

A aprendizagem automática também pode desempenhar um papel na gestão da segurança em projectos de construção. Ao monitorizar e analisar dados em tempo real sobre os comportamentos e actividades dos trabalhadores, os algoritmos de aprendizagem automática podem identificar potenciais riscos de segurança e alertar os supervisores e os trabalhadores para que tomem as medidas adequadas.

De um modo geral, as perspectivas futuras para a aprendizagem automática em projectos de construção são animadoras. À medida que a tecnologia continua a evoluir e a tornar-se mais acessível, é de esperar uma adoção mais generalizada do ML na construção. Isto traduzir-se-á em estaleiros de construção mais seguros e eficientes, tempos de conclusão de projectos mais rápidos e melhores resultados. Oferecerá também uma nova gama de oportunidades para as empresas do sector da construção desenvolverem novas soluções e serviços.

9.3 APELO À ACÇÃO PARA MAIS INVESTIGAÇÃO E IMPLEMENTAÇÃO

Incentivamos todas as partes interessadas do sector da construção a investirem em mais investigação e implementação da tecnologia de aprendizagem automática. Acreditamos que esta tecnologia tem o potencial de melhorar significativamente a eficiência, a segurança e a qualidade dos projectos de construção. Por conseguinte, instamo-lo a explorar o potencial da aprendizagem automática e a investir na sua integração nos seus processos de construção. Vamos colaborar para revolucionar a forma como abordamos a construção e construir juntos um futuro melhor.

Capítulo -10

APÊNDICE

GLOSSÁRIO DE TERMOS DE COMPUTAÇÃO QUÂNTICA

1. Inteligência artificial (IA) - um subcampo da ciência da computação que envolve a criação de máquinas capazes de realizar tarefas que normalmente exigem inteligência humana, como a perceção visual, o reconhecimento da fala, a tomada de decisões e a tradução de línguas.

2. Aprendizagem automática (ML) - um subcampo da IA que envolve a criação de algoritmos e modelos que permitem às máquinas aprender com os dados e melhorar autonomamente o seu desempenho ao longo do tempo.

3. Aprendizagem supervisionada - um tipo de aprendizagem automática em que o algoritmo é treinado com base em exemplos rotulados e tem de prever o resultado correto para futuros exemplos de entrada.

4. Aprendizagem não supervisionada - um tipo de aprendizagem automática em que o algoritmo é treinado com base em exemplos não rotulados e tem de encontrar padrões e relações nos dados.

5. Aprendizagem por reforço - um tipo de aprendizagem automática em que uma máquina aprende por tentativa e erro a executar uma tarefa com base num conjunto definido de recompensas, castigos e feedback.

6. Aprendizagem profunda - um subcampo da aprendizagem automática que envolve a construção de redes neurais complexas para analisar grandes quantidades de dados.

7. Rede neural - um modelo de aprendizagem automática inspirado na estrutura do cérebro humano e constituído por camadas de neurónios interligados que processam e analisam dados.

8. Processamento de imagens - a análise e manipulação de imagens digitais para extrair informações úteis ou melhorar a sua qualidade.

9. Modelação Preditiva - uma técnica estatística utilizada para analisar dados e fazer previsões sobre eventos futuros.

10. Processamento de linguagem natural (PNL) - um subdomínio da IA que consiste em ensinar as máquinas a compreender e interpretar a linguagem humana.

11. Big Data - termo utilizado para descrever conjuntos de dados maciços que são demasiado grandes e complexos para serem analisados através dos métodos tradicionais de tratamento de dados.

12. Computação em nuvem - a prestação de serviços informáticos através da Internet, incluindo armazenamento, processamento e aplicações de software.

13. Internet das Coisas (IoT) - uma rede de dispositivos interligados que são incorporados com sensores, software e outras tecnologias para trocar dados e comunicar uns com os outros.

14. Realidade virtual e aumentada - tecnologias que permitem aos utilizadores interagir com ambientes gerados por computador ou melhorar o mundo real com informação digital.

15. Visão por computador - a capacidade das máquinas para interpretar, analisar e compreender dados visuais do mundo real.

Capítulo -11

REFERÊNCIAS

---

1. Park, M., & Kim, H. (2020). Uma revisão sobre aplicações de aprendizado de máquina em projetos de construção. Automação na Construção, 114, 103166.

2. Arditi, D., & Gunaydin, H. M. (2009). Aplicações de inteligência artificial em arquitetura, engenharia e construção. Journal of computing in civil engineering, 23(5), 325-329.

3. Arif, M., Zhang, Y., & Ke, Y. (2017). Modelação da informação da construção (BIM) e inteligência artificial (IA) na arquitetura, engenharia e construção (AEC): A review. Automação na Construção, 81, 145-165.

4. Barreca, G., Calì, A., Lombardo, P., & Mancini, S. (2019). Técnicas de aprendizado de máquina para manutenção preditiva de sistemas prediais. Em Proceedings of the 13th International Conference on Advanced Engineering Computing and Applications in Sciences (pp. 167-174). Springer.

5. Kim, H. C., & Kim, H. J. (2019). Abordagens de aprendizado de máquina para diagnóstico de falhas de sistemas de aquecimento, ventilação e ar condicionado em edifícios. Sustainability, 11(23), 6671.

6. Li, X., Zhang, Y., Yuan, L., Xue, X., & Zhang, J. (2019). Uma nova abordagem para o comissionamento de edifícios usando aprendizado de máquina. Ciências Aplicadas, 9(16), 3306.

7. Luo, X., Mohammed, A. M., & Sun, L. (2019). Previsão da produtividade da construção repetitiva de edifícios através de algoritmos de aprendizagem automática. Journal of Cleaner Production, 218, 1147-1158.

8. Ren, J., Zhang, Y., & Cao, Y. (2019). Uma abordagem de aprendizagem profunda para a previsão da produtividade da construção. Automação na Construção, 104, 140-150.

9. Wang, X., Zhao, X., & Ahn, C. R. (2019). Uma revisão das abordagens de aprendizado de máquina para diagnóstico de falhas em equipamentos de construção. Journal of Construction Engineering and Management, 145(6), 04019018.

10. Wu, J., He, L., & Li, H. (2018). Previsão da produtividade da construção utilizando algoritmos de aprendizagem automática. Jornal de engenharia e gestão da construção, 144(10), 04018078.

11. Yang, J., Xu, B., & Zhang, G. (2019). Aprendizado profundo para previsão de deformação de chapa de aço no processo de soldagem na construção naval. Aplicações de Engenharia de Inteligência Artificial, 85, 9-25.

12. Katerere, T., & van der Steen, C. (2019). Aprendizagem automática para a estimativa de custos de projectos de construção: A review. Journal of Construction Engineering and Management, 146(11), 04020094.

13. Zhang, Y., Li, B., Wu, P., & Chen, M. (2019). Uma abordagem de aprendizagem profunda para detetar atividades de construção a partir de dados de vídeo. Automação na Construção, 102, 139-147.

14. Du, Y., Wu, M., & Wang, J. (2019). Tomada de decisão inteligente para a gestão de projectos de construção: Uma revisão das técnicas de aprendizagem automática. Jornal de Sistemas Inteligentes e Robóticos, 96(3), 553-575.

15. Lee, Y., Park, J., & Cho, Y. (2020). Abordagem baseada em aprendizado de máquina para prever atrasos em projetos de construção. Journal of Computing in Civil Engineering, 34(2), 04019029.

16. Li, B., Luo, H., AbouRizk, S. M., & Zhang, Y. (2019). Previsão do risco de segurança no local de construção usando uma abordagem híbrida de aprendizado de máquina. Ciência da Segurança, 120, 407-418.

17. Cheng, T., Lu, Y., & Wang, R. (2019). Uma abordagem baseada em aprendizado de máquina para prever a produtividade do trabalho de construção. Journal of Construction Engineering and Management, 145(1), 04018115.

18. Kim, J. H., & Aziz, Z. A. (2020). Uma abordagem de aprendizado de máquina para prever os níveis de estoque de materiais de construção e prazos de entrega. Automação na Construção, 115, 103193.

19. Wang, C., Zhu, X., & Huang, X. (2020). Aprendizado de máquina para prever a intensidade de uso de equipamentos de construção. Journal of Construction Engineering and Management, 146(7), 04020059.

20. Li, J., Tian, Y., & Zhang, Y. (2019). Uma abordagem de aprendizado de máquina para avaliação de risco de projeto de construção. Automação na Construção, 107, 102926.

21. W. Tam, e E. Londono, "Machine learning for construction project management," Journal of the Operational Research Society, vol. 68, pp. 569-582, 2017.

22. R. Akhtar e M. Rehan, "A review of machine learning applications in construction industry", Journal of Construction Engineering and Management, vol. 145, 2019.

23. D.S. Lee e S.B. Choi, "Aplicações de aprendizagem automática na engenharia e gestão da construção: State-of-the-art and future research directions", Journal of Computing in Civil Engineering, vol. 32, 2018.

24. W. Wang, H. Li, e X. Lu, "Machine learning in construction project management: A review and future directions," Automation in Construction, vol. 110, 2020.

25. E. Li, J.H. Ahn e H. Lee, "A review of machine learning techniques in project management and construction engineering", Engineering, Construction and Architectural Management, vol. 26, 2019.

26. Balakrishnan, S., Kumar, K.S., Janet, J. et al. Uma emergência de ajudas tecnológicas utilizando algoritmos de aprendizagem automática para reduzir a manifestação crescente de dispraxia. Multimed Tools Appl (2023). https://doi.org/10.1007/s11042-023-16464-w

27. Balakrishnan S., Ananth J.P., Ramanathan L., Sachinkanithkar R., Rajkumar S. (2022) Uma estrutura de alta segurança através do cérebro humano usando o algoritmo de aprendizado profundo do modelo Algo Mixture. Em: Acharjya D.P., Mitra A., Zaman N. (eds) Aprendizagem profunda em análise de dados. Estudos em Big Data, vol. 91. Springer, Cham. https://doi.org/10.1007/978-3-030-75855-4_3

28. Balaji, B.S., Balakrishnan, S., Venkatachalam, K. et al. Técnica de similaridade de serviços Web baseada na classificação automatizada

de consultas utilizando a aprendizagem automática. J Ambient Intell Human Comput 12, 6169-6180 (2021). https://doi.org/10.1007/s12652-020-02186-6

29. S. Balakrishnan, V.Kamatchi Sundari, Ram Vishnu R, S. Sheeba Rani, Um sistema de assistência à habilidade do motorista baseado em aprendizado de máquina, Jornal Internacional de Engenharia e Tecnologia Avançada (IJEAT), ISSN: 2249 - 8958, Volume-8, Edição-3S, fevereiro de 2019, pp. 597-600.

30. Praveen Kumar Reddy M, T Sunil Kumar Reddy, S.Balakrishnan, Syed Muzamil Basha Ravi Kumar Poluru, Previsão de doenças cardíacas usando algoritmo de aprendizado de máquina, Jornal Internacional de Tecnologia Inovadora e Engenharia de Exploração (IJITEE) ISSN: 2278-3075, Volume-8, Edição-10, pp. 2603-2606, agosto de 2019.

31. Balakrishnan S, K.Aravind, A. Jebaraj Ratnakumar, "Uma nova abordagem para a classificação de conjuntos de imagens de tumores com base na aprendizagem métrica profunda de múltiplas dimensões", Jornal Internacional de Matemática Pura e Aplicada, Vol. 119, n.º 10c, 2018, pp. 553-562.

32. S. Balakrishnan, D.Deva, "Machine Intelligence Challenges in Military Robotic Control", revista CSI Communications, Vol. 41, número 10, janeiro de 2018, pp. 35-36.

33. S. Vasu, A.K. Puneeth Kumar, T. Sujeeth, S. Balakrishnan Uma abordagem baseada em aprendizado de máquina para segurança de computadores, Jour of Adv Research in Dynamical & Control Systems. Vol.10, 11-Edição especial, 2018, pp. 915- 919

A. Jebaraj Rathnakumar, S.Balakrishnan, "Deteção de doenças das folhas de uva com base na aprendizagem de máquinas", Jour of Adv Research in Dynamical & Control Systems, Vol. 10, 08-Special Issue, 2018. Pp. 775-780.

34. D.Prabha, R. Siva Subramanian, S.Balakrishnan, M.Karpagam, Avaliação de desempenho do classificador Naive Bayes com e sem seleção de recursos baseada em filtro, International Journal of Innovative Technology and Exploring Engineering (IJITEE) ISSN: 2278-3075, Volume-8 Issue-10, agosto de 2019, pp. 2154-2158.

35. S. Vasu, A.K. Puneeth Kumar, T. Sujeeth, Dr.S. Balakrishnan, "Uma abordagem baseada em aprendizado de máquina para segurança de computadores", Jour of Adv Research in Dynamical & Control Systems. Vol.10, 11-Edição especial, 2018, pp. 915- 919.

36. D. Winston Paul, S. Balakrishnan, A.Velusamy, Classificador Fuzzy Ponderado Híbrido Baseado em Regras para Dados de Tumor, Revista Internacional de Engenharia e Tecnologia (EAU). Vol. 7, (4.19) (2018), pp. 104-108 Doi: https://doi.org/10.14419/ijet.v7i4.19.

37. Balakrishnan S, M.Syed Shahul Hameed, Shameer Mohammed, Shimaz Khan Shaik, Aswin G, SARS-CoV-2 Trauma Handling and Hazard Rescue Through Machine Learning, International Journal of Pharmaceutical Research. - Mar 2021, Vol. 13, Issue 1, pp. 3302 - 3308. https://doi.org/10.31838/ijpr/2021.13.01.500

38. Senthamizh Sankar S., e K. S. Anandh (2024). "Navigating leadership styles through qualitative exploration for enhanced safety in the construction sector", Safety Science, 175, 106495, 1-14.

39. M.G. Soundarya Priya, K.S. Anandh, Satyanarayanan Rajendran e Krishna Nirmalya Sen (2024), "The role of psychological contract in

enhancing safety climate and safety behavior in the construction industry", Journal of Engineering, Design and Technology, doi/10.1108/JEDT-07-2023-0315.

40. Srimathi, K.R., Padmarekha, A. e Anandh, K.S. "Automated construction schedule optimisation using genetic algorithm", Asian Journal of Civil Engineering (2023), 24(8), pp. 3521-3528.

41. Fakher, R.A., Anandh, K.S. (2022). Um Estudo Exploratório para Utilizar Tecnologias de Construção 4.0 na Melhoria da Comunicação para Obter Recursos Humanos de Qualidade. In: Loon, L.Y., Subramaniyan, M., Gunasekaran, K. (eds) Avanços na Gestão da Construção. Lecture Notes in Civil Engineering, vol. 191. Springer, Singapura.

MIX
Papier aus verantwortungsvollen Quellen
Paper from responsible sources
FSC® C105338

Printed by Books on Demand GmbH, Norderstedt / Germany